Paula Weinbach

Wer, wenn nicht du?

Selbstliebe lernen kann jeder

Wie du dein Selbstbewusstsein und dein Selbstwertgefühl fast mühelos steigern kannst und dadurch glücklicher, gelassener und zufriedener wirst.

Originale Erstausgabe September 2020
verlegt durch KR Publishing.

1. Auflage

Bibliografische Information der Deutschen Nationalbibliothek

Die Deutsche Nationalbibliothek verzeichnet diese Publikation in der Deutschen Nationalbibliografie, detaillierte bibliografische Daten sind im Internet unter https://portal.dnb.de abrufbar.

Druck/ Auslieferung: Amazon oder Tochtergesellschaft
Independently published

ISBN:
978-3-948593-41-4 [ebook]
978-3-948593-42-1 [Taschenbuch]

Inhalt

Vorwort

Bestimmt kennst du das: du kritisierst dich dauernd selbst für kleine Fehler und Missgeschicke, du bist unzufrieden mit deinem Körper, deiner Leistung und deinem Aussehen. Du bist selbst dein größter Feind, sodass du dich unglücklich und nicht wertgeschätzt fühlst. Und noch schlimmer: auch andere Menschen schätzen dich nicht wert, kritisieren dich ständig und behandeln dich nicht gerade gut...doch du kannst von niemandem erwarten, dich zu lieben, wenn du dich selbst nicht liebst!

Wahres Glück und wahre Zufriedenheit kommt von Innen - egal ob im Privatleben oder im Beruf. In diesem Buch zeige ich dir, wie du mit simplen Techniken und mit einigen Tricks erkennst, dass du selbst der großartigste Mensch auf der Welt bist und dass du es wert bist, dich selbst mit allen Ecken und Kanten, Stärken und Schwächen zu lieben. Gib dir selbst die Erlaubnis, dich zu lieben und andere werden es dir gleichtun.

Ich wünsche dir viel Erfolg mit diesem Buch

Deine Paula Weinbach

Unser Geschenk an dich!

Vielen Dank für den Kauf von diesem Buch und deinem damit verbundenen Vertrauen in uns als Herausgeber und in Paula Weinbach als Autorin dieses großartigen Buchs. Das bedeutet uns wirklich viel, weshalb wir dir den Ratgeber „Habit Hacks - 10 unscheinbare Schlüssel Gewohnheiten, die dein Leben verändern," als Download schenken - vollkommen gratis! Zudem möchten wir dir die Möglichkeit eines direkten Austauschs mit der Autorin anbieten. So kannst du z.B. deine Fragen, dein Feedback oder deine Anregungen Paula zukommen lassen - eine tolle Möglichkeit für die Kommunikation zwischen Leser und Autorin!

Diese kleinen und unscheinbaren Schlüssel Gewohnheiten verändern dein Leben - erfahre:

- ✓ wie eine kleine Veränderung beim Duschen deine Disziplin stärkt und dir einen Energiekick verschafft...
- ✓ wie eine Prise Salz dir einen Kickstart am Morgen verschaffen kann...
- ✓ wie eine kleine Einstellung an deinem Smartphone & Computer deinen Schlaf verbessert...
- ✓ noch weitere geniale und unscheinbare Habit Hacks!

Wenn du bereit bist, dein Leben mit einigen simplen Habit Hacks auf das nächste Level zu bringen, dann schaue am Ende nach deinem persönlichen Zugang.

Kapitel 1: Selbstliebe - Was es heißt, sich selbst zu lieben

Sich selbst zu lieben – das klingt wunderbar, nicht wahr? Das Thema Selbstliebe ist in den letzten Jahren populär geworden und beschäftigt längst nicht mehr nur Therapeuten und deren Patienten. Und das ist gut so! Schließlich ist die Selbstliebe, wie du im Verlauf dieses Buches herausfinden wirst, einer der Zentralschlüssel zum Lebensglück. Doch beginnen wir am Anfang: Was bedeutet es, sich selbst zu lieben, wie entsteht Selbstliebe und sind Menschen, die sich selbst lieben, zwangsweise Egoisten? Antworten auf diese ganz grundlegenden Fragen zur Thematik liefert dir dieses erste Kapitel.

Was ist Selbstliebe überhaupt?

Selbstliebe zu definieren, ist gar nicht so einfach wie es zunächst scheint. Aus dem Begriff ergibt sich zunächst ganz unbestreitbar eine oberflächliche Bedeutung: Wer über Selbstliebe verfügt, liebt sich selbst. Vermutlich weißt du, wie es ist, eine andere Person zu lieben. Die Liebe, die du für deine Familie, deine Freunde, dein Haustier oder deinen Partner spürst, ist dir vertraut. Du musst sie nicht definieren, um zu wissen, dass sie da ist. Mit der Selbstliebe ist das zumeist etwas anders. Sie beschert dir weder Schmetterlinge im Bauch noch den Wunsch, um deine eigene Hand anzuhalten oder dir täglich zahlreiche Herzchen per WhatsApp zuzuschicken. Während die Liebe im Allgemeinen ein Thema ist, mit dem wir uns ganz automatisch immer wieder beschäftigen, ist die Selbstliebe etwas, über das viele Menschen gar nicht wirklich nachdenken. Im direkten Vergleich ist uns die Selbstliebe deutlich fremder als die Liebe zu anderen Personen. Bleiben wir also kurz bei dem, was wir gut kennen: Versuche, Liebe zu definieren. Ganz schön schwierig, oder? Du kannst dir sicher sein, dass deine Definition, wenn du denn eine gefunden hast, nicht zu 100 % - vermutlich nicht mal zu 50 % - mit der Definition von Liebe, die dein Partner, deine Mutter oder deine beste Freundin nennen würden, übereinstimmt. Liebe lässt sich nicht allgemeingültig definieren, umfasst sie doch für jeden verschiedene Aspekte und fühlt sich von Mensch zu Mensch unterschiedlich an. Ganz ähnlich ist es mit der Selbstliebe. Niemand kann dir sagen, wie es sich anfühlt, dich selbst zu lieben. Anstatt die Selbstliebe also definieren zu wollen, wenden wir uns an dieser Stelle den Teilaspekten dieser besonderen Liebe zu:

▸ Selbstakzeptanz

Wenn du jemanden liebst, akzeptierst du ihn in seiner Ganzheit: seinen Körper, seinen Geist, seine Stärken, seine Macken und seine Launen. Du nimmst ihn an, so wie er ist, und wünschst dir nicht ständig, ihn irgendwie verbiegen zu können. Ohne Selbstakzeptanz ist keine Selbstliebe möglich. Du musst dich und all deine Facetten rundum akzeptieren, um die Chance zu bekommen, sie lieben zu lernen.

▸ Selbstachtung

Selbstachtung, also der Respekt vor der eigenen Person, ist ebenfalls ein elementares „Puzzleteil", das nicht fehlen darf. Vielleicht hast du Folgendes schon einmal erlebt: Ein Mensch, den du liebst, tut etwas, das dazu führt, dass du den Respekt vor diesem Menschen teilweise oder komplett verlierst. In der Folge hörst du zwar nicht unbedingt auf, diesen Menschen zu lieben, die Liebe wird aber dennoch stark vom mangelnden Respekt beeinträchtigt. Selbstliebe und Selbstrespekt spielen zusammen. Je mehr du dich liebst, desto größer wird deine Selbstachtung, und je höher deine Selbstachtung ist, desto leichter kannst du dich lieben.

▸ Selbstwert

Ein stabiles Selbstwertgefühl ist eine wichtige Komponente der Selbstliebe und beinhaltet gleichermaßen das Kennen des eigenen, bedingungslosen Wertes als Mensch und das Wertschätzen des eigenen Selbst. Es bedeutet, zu erkennen, dass dein Wert als Mensch nicht von deinen Leistungen, deinem Aussehen oder deinem Kontostand abhängt, und dass du es verdient hast, von dir selbst wertgeschätzt zu werden.

Selbstvertrauen

Auch das Selbstvertrauen darf nicht vergessen werden. Für die meisten Menschen geht Liebe schließlich mit Vertrauen einher. Wenn wir ein Person lieben, möchten wir dieser vertrauen können, und wenn wir jemandem vertrauen, sind wir möglicherweise schon auf dem Weg, ihn zu lieben. Das menschliche Streben danach, vertrauen zu können, hängt mit unserem hohen Sicherheitsbedürfnis zusammen. Wir möchten uns sicher fühlen und das geht am einfachsten in Gegenwart von Menschen, denen wir voll und ganz vertrauen können. Wenn du schon einmal in den Armen von jemandem lagst, dem du zu 100 % vertraut hast, und dabei von einem unbeschreiblich tiefen Gefühl der Geborgenheit durchströmt wurdest, weißt du, wovon hier die Rede ist. Dieses Gefühl der Geborgenheit kannst du dir – auch wenn du das jetzt vielleicht nicht auf Anhieb glaubst – selbst geben. Selbstvertrauen heißt, Vertrauen in die eigenen Fähigkeiten, die persönliche Wahrnehmung, die Intuition und die eigene Emotionswelt zu legen. Wenn du dir selbst vertraust, weißt du, dass du auf dich zählen kannst. Diese Erkenntnis ist von unschätzbarem Wert: Denn wenn sich alle Welt gegen dich richtet und das Vertrauen zu den Menschen, die dir nahestehen, zerstört wurde, fühlst du dich nur halb so verloren, wenn du ein starkes Selbstvertrauen besitzt. Letztendlich gibt es schließlich nur einen Menschen, mit dem du zwangsläufig dein ganzes Leben verbringen musst, und dieser Mensch bist du.

Selbstliebe vs. Nächstenliebe

Selbstliebe und Nächstenliebe scheinen auf den ersten Blick nichts miteinander zu tun zu haben. Noch mehr: Sie stehen sich oberflächlich betrachtet fast schon gegenüber. Schaut man genauer hin, ist jedoch unverkennbar, dass beide Arten der Liebe viel gemeinsam haben. Schließlich geht es in beiden Fällen letztendlich darum, zu lieben. Und für die Liebe gibt es kein Limit. Dass du dich selbst liebst, bedeutet also nicht, dass dein „Liebes-Budget“ aufgebraucht ist und du keine Liebe mehr für andere übrig hast. Im Gegenteil: Menschen, die es schaffen, sich selbst aufrichtig und auf ehrlicher Grundlage zu lieben, verfügen oftmals über die Fähigkeit und die Kraft, besonders viel Liebe an andere Menschen weiterzugeben.

Wie entsteht Selbstliebe?

Was entscheidet darüber, ob man sich selbst liebt? Warum gibt es Menschen, die sich scheinbar automatisch lieben, und andere, die bis dorthin noch einen furchtbar weiten Weg vor sich haben? Hier können mehrere Faktoren eine Rolle spielen:

Erziehung

Wie gut gefüllt dein „Selbstliebe-Konto" ist, hängt zum einen davon ab, wie du erzogen wurdest. Ein paar Beispiele:

Nils ist sieben Jahre alt und besucht die erste Klasse. Leider ist das Rechnen nicht seine Stärke. Aber seine Mama sagt, das liegt nur daran, dass er sich nicht genug Mühe gibt. Genau wie beim Fußball. Nils ist, laut Papa, nicht schnell genug und kann nicht zielen. „Was soll aus dir nur werden" – diesen Satz hört Nils oft. Er ist zwar noch klein, aber er hat schon jetzt das starke Gefühl, nicht gut genug zu sein. Momentan ahnt Nils noch nicht, dass ihn dieses Gefühl bis weit ins Erwachsenenalter hinein begleiten wird.

Maja ist gerade zwölf geworden und befindet sich mitten in der Pubertät. Ihr Körper beginnt, sich zu verändern: Was früher schlank war, wächst sich langsam zu Kurven aus und Maja verbringt täglich quälende Minuten vor dem Spiegel. Skeptisch betrachtet sie ihre Hüften, kneift sich in die Oberschenkel und versucht den Bauch einzuziehen. Ihre Mama hat längst bemerkt, dass Maja etwas unzufrieden mit ihrer Figur zu sein scheint. Beim gemeinsamen Mittagessen ermahnt sie ihre Tochter daher regelmäßig, sich gut zu überlegen, ob sie wirklich noch einen Nachschlag haben möchte. Als Maja ein Kleid für eine Geburtstagsparty anprobiert, schlägt ihre Mama vor, etwas zu wählen, das lockerer sitzt, damit man den Hüftspeck nicht so sieht, und als Pausenbrot packt sie ihr nun hauptsächlich Gemüse ein. Majas Mama meint es nur gut mit ihrer Tochter, doch bei Maja kommt eine klare Botschaft an: Nicht nur ich mag meine Figur nicht, auch Mama will, dass ich schlanker bin. Maja wächst zu einer jungen Erwachsenen heran, entwickelt eine Essstörung und kämpft jahrelang damit, den Hass auf ihren Körper abzulegen.

Elisabeth hat gerade das Abitur bestanden und wird ständig danach gefragt, was sie mit ihrem Leben anfangen will. Wenn sie das nur wüsste. Ihr Papa ist Partner in einer erfolgreichen Kanzlei und wünscht sich, dass seine Tochter eines Tages in seine Fußstapfen tritt. Mama gibt zu bedenken, dass Elisabeth einen familienfreundlichen Beruf wählen sollte – schließlich ist sie eine Frau und das bedeutet, dass sie sich eines Tages um ihre Kinder kümmern wird. Elisabeth weiß nur eines: Sie steht heftig unter Druck. Mit gerade einmal achtzehn Jahren hat sie das Gefühl, keine richtige Entscheidung treffen zu können. Sie weiß, dass Leistung von ihr erwartet wird und auch, dass sie den Erwartungen ihrer Eltern gar nicht gerecht werden kann. Sie erinnert sich daran, dass Papa sie immer nur umarmt hat, wenn sie gute Noten mit nach Hause gebracht hat und auch an Mamas enttäuschte Blicke, wenn sie mal wieder einen Leichtathletik Wettkampf verloren hat. Elisabeth wird Jahre damit verbringen, den Idealen ihrer Eltern hinterherzujagen, und ihren eigenen Weg inklusive der eigenen Bedürfnisse dabei komplett aus den Augen verlieren.

Das Verhalten der Eltern hat in allen drei Beispielen dazu geführt, dass die Kinder keine wirkliche Chance hatten, Selbstliebe zu entwickeln. Nils wurde nicht in seinen Fähigkeiten bestärkt, Maja erhielt durch die Kritik ihrer Mutter ein falsches, ungesundes Körperbild und Elisabeth wurde auf Leistung getrimmt. In allen Fällen wurde den Kindern vermittelt, dass ihr Wert an Bedingungen – Anstrengung, Schlankheit und Erfolg – geknüpft ist. Erinnere dich: Ohne Selbstwert keine Selbstliebe. Dass es auch anders geht und wie eine Erziehung, die die Selbstliebe fördert, funktioniert, wird in Kapitel 12 dargelegt.

Erfahrungen

Auch Erfahrungen, die wir außerhalb der Erziehung sammeln, bestimmen die Höhe des „Selbstliebe-Kontostands". Der Anschaulichkeit halber widmen wir uns wieder einigen Beispielen:

Im Alter von siebzehn Jahren hat Susi ihren ersten festen Freund. Sie ist bis über beide Ohren verliebt und würde so gut wie alles für ihren Angebeteten tun. Zu dumm, dass dieser sich der Tatsache bewusst ist und sich nicht davor scheut, Gebrauch von seiner Machtposition zu machen. Er kritisiert ihre Kleidung und Susi geht shoppen. Er meckert über ihre Figur und Susi beginnt, wie verrückt Sport zu treiben. Er findet, dass Susi zu viel plappert und Susi wird schweigsam. Was er nicht weiß: Jedes Mal, wenn er sie kritisiert, weint Susi still und heimlich. Sie denkt, dass sie so, wie sie ist, nicht liebenswert ist und verbiegt sich bis zur Unkenntlichkeit.

Martin ist Mitte zwanzig und hat seinen Traumberuf gefunden. Wenn er mit ölverschmierten Händen in der Werkstatt bastelt, ist er in seinem Element. Es könnte alles so schön sein, wäre da nicht seine Freundin, die ihn nur heiraten möchte, wenn er mehr Geld verdient. Martin weiß, dass die Aufstiegschancen in seinem jetzigen Betrieb nicht allzu gut aussehen. Er grübelt, letztendlich überwiegt aber die Liebe zu seiner Freundin, sodass er eine besser bezahlte, wenn auch weniger interessante Stelle annimmt.

Peter ist Anfang vierzig und eigentlich zufrieden mit sich und seinem Leben. Er hat sich kürzlich scheiden lassen, steht weiterhin in gutem Kontakt zu seinen beiden Kindern und ist bereit für eine neue Frau in seinem Leben. Als er beim ersten Date mit einer Internetbekanntschaft nach seinen Stärken und besten Eigenschaften gefragt wird, fällt ihm ganz schön viel ein: er ist humorvoll, eine ehrliche Haut, meistens gut gelaunt, ziemlich kreativ, sehr sportlich, recht clever, handwerklich begabt, spricht fünf Sprachen, kann kochen und ist außerdem ein begnadeter Sänger. Doch überraschend rümpft sein Date die Nase und verabschiedet sich wenig später mit einer leicht durchschaubaren Ausrede. Als Peter später im Chat nachfragt, was der Dame des Herzens denn missfallen hat, ist ihre Antwort klar: Peter hat ihrer Meinung nach mit seinen Fähigkeiten angegeben und wirkte dadurch abschreckend arrogant. In Zukunft hütet sich Peter davor über seine Talente und guten Seiten zu sprechen.

Wieder vermitteln diese Erlebnisse den betroffenen Personen, dass mit ihnen etwas nicht stimmt. Sie sind falsch gekleidet, zu dick, zu redse lig, zu arm oder zu sehr von sich überzeugt. Menschen, die durch ihre Erziehung bereits viel Selbstliebe entwickelt haben, können die ein oder andere Erfahrung dieser Art leicht wegstecken. Ist das „Selbstliebe-Konto“ aber von Haus aus spärlich gefüllt, gerät man durch solche Erlebnisse schnell ins Minus.

Arbeit an sich selbst

Die gute Nachricht: Jeder Mensch kann daran arbeiten, seine Liebe zu sich selbst zu steigern. Auf die Erziehung, die man genossen hat, hat man keinen Einfluss und auch die Erfahrungen, die einem im Laufe des Lebens zuteilwerden, liegen oft nicht in den eigenen Händen. Der richtige Umgang damit kann aber erlernt werden. In diesem Buch wirst du lernen, kritisch auf deine Erziehung und dein bisheriges Leben zurückzublicken, neu zu bewerten und deine Selbstliebe zu fördern. Du wirst dazu befähigt an dir selbst zu arbeiten und dein „Selbstliebe-Konto“ bis zum Rand aufzufüllen.

Selbstliebe, Egoismus und Narzissmus

Bedeutet Selbstliebe, egoistisch zu sein? Jein. Selbstliebe bedeutet zunächst einfach nur sich selbst zu lieben und hat somit nicht unbedingt etwas damit zu tun, nur noch auf sich selbst zu achten und die eigenen Bedürfnisse immer und überall über die der Mitmenschen zu stellen. Natürlich ist es wahr, dass ein gewisser Egoismus dazugehört. Wer sich selbst liebt, kümmert sich so gut wie möglich um sich selbst (siehe Kapitel 10), sagt nicht zu allem Ja und Amen und entscheidet sich im Zweifel eher für die Option, die ihm selbst wirklich guttut. Im Endeffekt führt dieses Verhalten jedoch dazu, dass es einem selbst besser geht und je besser es einem geht, desto mehr Ressourcen hat man, um anderen zu helfen, für sie da zu sein und sich für sie einzusetzen. Selbstliebe ist also nicht nur Egoismus, sondern befähigt auch zu mehr Zuwendung, Hilfsbereitschaft, Engagement und Nächstenliebe. Was aber, wenn die Selbstliebe pathologische Ausmaße annimmt? Den meisten Menschen fällt hier auf Anhieb der Narzissmus ein. Dabei handelt es sich um eine Persönlichkeitsstörung, die sich unter anderem durch eine enorme Selbstverliebtheit und Selbstbewunderung auszeichnet. Dahinter stecken paradoxerweise oftmals mangelndes Selbstwertgefühl und fehlende Selbstliebe, was von den Betroffenen quasi überkompensiert wird. Leider würde es den Rahmen dieses Buches sprengen, genauer auf das Krankheitsbild des Narzissmus einzugehen. Wir können aber festhalten, dass Selbstliebe und Narzissmus nicht nur nicht gleichzusetzen sind, sondern sich in vielen Fällen sogar ausschließen. Echte, ehrliche Selbstliebe ist keine übersteigerte Selbstverliebtheit. Und du brauchst dir keine Sorgen darum zu machen, dass du als Narzisst endest, wenn du dich in Selbstliebe übst.

Selbstliebe in Zeiten von Social Media

Die sozialen Medien gehören heute für viele Menschen zum Alltag. Morgens nach dem Aufwachen wird erstmal das Facebook Dashboard gecheckt, in der Mittagspause scrollt man durch Instagram und den Abend vertreibt man sich wahlweise mit YouTube, TikTok oder Twitter. An und für sich ist das vollkommen in Ordnung und, wenn wir ehrlich sind, relativ normal. Leider wirken sich die sozialen Medien, allen voran Instagram, in vielen Fällen nicht unbedingt positiv auf das Selbstwertgefühl und die Zufriedenheit mit sich selbst aus. Das gilt vor allem für junge Menschen, die in ihrem Selbstbild noch ungefestigt sind. Aber auch Erwachsene können sich in puncto Selbstliebe durchaus Steine in den Weg legen, wenn sie falsch beziehungsweise ungesund mit den Inhalten, die Social Media zu bieten hat, umgehen. Wenn man täglich die kunstvoll angerichteten Smoothie-Bowls, die weißen Sandstrände, die perfekten Selfies, die tollen Klamotten und die teuren Autos der „anderen“ sieht, kann einem das auf Dauer (unbemerkt) auf den Magen schlagen. Das liegt mitunter daran, dass wir uns und unser Leben automatisch mit dem vergleichen, was wir auf dem Display sehen. Dabei vergessen wir, dass das Selfie, das wie ein Schnappschuss aussieht, das beste aus zwanzig Versuchen inklusive Bearbeitung ist und wir wissen auch nichts vom Kredit, der für das Auto aufgenommen wurde oder vom eher fragwürdigen Geschmack des gesunden Frühstücks. Das Motto in den sozialen Medien lautet nach wie vor: Zeig dich von deiner besten Seite, die anderen Seiten will ohnehin niemand sehen. Das ist nicht nur traurig, sondern regelrecht toxisch für unser Selbstwertgefühl. Zum Glück gibt es mittlerweile Accounts, die sich bewusst gegen diesen Trend wenden und Menschen, die sich trauen die unperfekten Facetten ihres Lebens, ihres Körpers und ihres Selbst zu zeigen. Die Anzahl ist aber vergleichsweise verschwindend gering. Zum Verständnis: Dies ist keine Hassschrift auf Social Media. Das Internet ist eine wunderbare Erfindung, die sozialen Medien informieren, bringen Menschen zusammen und erlauben es, sich zu gruppieren und zu organisieren. Wer allerdings nicht vorsichtig ist, die Fassade ohne zu hinterfragen als glamouröse Wahrheit hinnimmt und keinen gelegentlichen Realitäts-Check unternimmt, lernt die Gefahren und Schattenseiten dieser virtuellen Welt kennen.

Das Wichtigste in Kürze

- ✓ Selbstliebe lässt sich – genau wie Liebe – nur schwer definieren und kann sich für jeden Menschen ganz individuell anfühlen. Die Liebe zu sich selbst setzt sich aber immer aus den Grundbausteinen Selbstakzeptanz, Selbstachtung, Selbstwert und Selbstvertrauen zusammen.
- ✓ Wie gut das „Selbstliebe-Konto“ gefüllt ist, hängt stark von der Erziehung und den Erfahrungen, die man gemacht hat, ab.
- ✓ Jeder kann lernen, sich selbst zu lieben, und sein „Selbstliebe-Konto“ durch konsequente Arbeit an sich selbst auffüllen.
- ✓ Selbstliebe beinhaltet, je nach Definition, ein gewisses Maß an Egoismus, ist aber nicht mit diesem gleichzusetzen. Außerdem hat die Liebe zu sich selbst nichts mit dem Krankheitsbild Narzissmus zu tun.
- ✓ In vielen Fällen entpuppen sich die sozialen Medien – oder der Umgang damit – als waschechter Feind der Selbstliebe.

Das liegt vor allem daran, dass wir uns mit dem „perfekten Leben“, das uns auf Facebook, Instagram und Co. gezeigt wird, vergleichen.

- ✓ Gerade bei jungen Menschen, deren Selbstbild noch ungefestigt ist, kann durch einen ungesunden Umgang mit Social Media ein großer Schaden in puncto Selbstwert und Selbstliebe angerichtet werden.

Kapitel 2: Indizien – Wenn die Selbstliebe fehlt

Du fragst dich, woran du bei dir und anderen erkennen kannst, dass es an Selbstliebe mangelt? Eine pauschale Antwort auf diese Frage gibt es nicht. Fehlende Selbstliebe kann sich von Mensch zu Mensch verschieden äußern. Dennoch gibt es Merkmale, die sich besonders häufig beobachten lassen. Genau mit diesen Merkmalen befasst sich das zweite Kapitel.

Absoluter Altruismus

Eine auffallend altruistische Haltung, also ein deutlich überdurchschnittlich uneigennütziges Denken und Handeln, kann ein Zeichen dafür sein, dass die Liebe zur eigenen Person nicht allzu hoch ausfällt. Das ist relativ logisch: Während Altruismus allgemein nicht unbedingt schlecht ist, tritt er in diesem Fall so stark auf, dass die eigenen Bedürfnisse immer wieder vernachlässigt werden. Die Zuneigung zu allem anderen ist ganz einfach größer als die, die man für sich selbst empfindet. Oftmals haben sich die zugehörigen Denk- und Handlungsmuster über viele Jahre hinweg tief eingeprägt, sodass sie einem selbst gar nicht mehr auffallen. Man sagt beispielsweise ganz automatisch „Ja" zu allem, worum man gebeten wird, und denkt gar nicht erst darüber nach, ob das Jeweilige überhaupt gut oder vielleicht doch unpassend oder sogar belastend für einen selbst ist. Damit macht man sich zwar beliebt, bietet aber auch eine große Angriffsfläche, um ausgenutzt zu werden, und kümmert sich, beschäftigt mit den Angelegenheiten und Wünschen anderer, viel zu wenig um sich selbst.

Gefühl, sich beweisen zu müssen

„Nicht gut genug, nicht gut genug, nicht gut genug" – dieser Gedanke ist bei vielen Menschen mit mangelnder Selbstliebe sehr präsent. Sie haben das Gefühl, ihren Wert und ihre Daseinsberechtigung immer wieder aufs Neue beweisen zu müssen, schaffen es dabei aber niemals am Ziel anzukommen.

Häufige Unsicherheit

In aller Regel geht die fehlende Selbstliebe mit einem niedrigen Selbstvertrauen einher. Deshalb fühlt man sich häufig unsicher und nicht wirklich wohl in seiner Haut. Man hat weder Vertrauen in seine Fähigkeiten noch in sich als Person und vollführt so Tag für Tag einen wackligen Tanz auf dem Hochseil, immer bestrebt, nichts falsch zu machen, niemandem in die Quere zu kommen, bloß nicht aufzufallen und letztendlich irgendwie zu überleben.

Zweifel an der eigenen Liebenswürdigkeit

Wer sich selbst nicht liebt, tut sich schwer mit dem Gedanken, von anderen geliebt zu werden. Warum sollten sie auch? Der Zweifel an der eigenen Liebenswürdigkeit ist oft so ausgeprägt, dass man der Liebe einer nahestehenden Person selbst dann nicht traut, wenn sie einem immer wieder durch Worte und Taten versichert und gezeigt wird. Insbesondere in Beziehungen kann dies zu echten Problemen führen. Der liebende Partner tut alles dafür, um seine Liebe zu beweisen, doch nichts genügt, um seine Angebetete davon zu überzeugen. Sätze wie „Liebst du mich wirklich?“, „Warum liebst du mich?“ und „Wie kannst du jemanden wie mich nur lieben?“ fallen auf regelmäßiger Basis. Und selbst wenn die Partnerin für einen Moment daran glauben kann, wirklich geliebt zu werden, kann diese Gewissheit im nächsten Augenblick schon wieder verflogen sein. Eine kleine Unstimmigkeit oder auch nur ein „falscher“ Blick oder ein ungewöhnlicher Unterton in der Stimme bringen die Unsicherheit sofort zurück und das Spiel beginnt von vorn. Als Partner gewinnt man auf Dauer unter Umständen den Eindruck, dass die Liebe, die man spürt, niemals ankommen wird und keine Chance hat, ihre Kraft zu entfalten. Je länger die Beziehung andauert und je stärker die Zweifel an der eigenen Liebenswürdigkeit ausfallen, desto größer wird die Belastung für die Partnerschaft. Man surft ganz einfach auf zwei vollkommen unterschiedlichen Wellen: Der eine wünscht sich nichts mehr, als geliebt zu werden, hält diese Vorstellung aber für so unrealistisch und zerbrechlich, dass er daran „verhungert“, während der Frust beim anderen stetig wächst und die Bereitschaft, seine Gefühle immer wieder zu rechtfertigen und zu beweisen, sinkt. Eine Situation, unter der im Endeffekt beide Parteien leiden.

Angewiesenheit auf Bestätigung durch andere

Ein weiteres Merkmal, an dem sich ein Mangel an Selbstliebe erkennen lässt, ist die enorme Angewiesenheit auf Bestätigung durch andere. Eine Handlung wird erst angemessen und gut, wenn dies durch eine andere Person bestätigt wird – das eigene Urteil zählt nicht. Dieses Merkmal ist eng mit dem niedrigen Selbstvertrauen und der damit einhergehenden Unsicherheit in allen Lebenslagen verbunden. Zwei simple Beispiele:

Betty hat beim Shoppen ein Kleid entdeckt, das ihr auf Anhieb gut gefällt. Sie probiert es an, betrachtet sich im Spiegel und findet zunächst, dass ihr das Kleid gut steht. Oder etwa doch nicht? Mein Gott, vielleicht sieht sie durch diese Raffung fett aus? Und macht das Rot sie bleich? Tausende Fragen schießen ihr durch den Kopf. Zum Glück hat sie ihre beste Freundin mitgenommen. Erst als diese ihre Begeisterung über das Outfit äußert, ist Betty sich sicher, dass sie es kaufen wird.

Jens möchte sich einen Hund zulegen. Er hat sich schlau gemacht und ist überzeugt davon, dass ein Pudel am besten zu ihm und seinem Leben passt – bis er seinem Kumpel Marc von seinem Beschluss erzählt. Mark findet, dass Pudel Hunde für Frauen sind und außerdem irgendwie lächerlich aussehen. Labradore findet er viel cooler. Jens kauft sich einen Labrador.

In beiden Fällen findet Folgendes statt: Die eigene Ansicht hängt vollkommen von der Meinung anderer ab und wird, wie im zweiten Beispiel, sofort abgeändert, wenn sie keine Bestätigung findet. Und was ist das Resultat? Jens hat einen Labrador, dessen Temperament ihn vollkommen überfordert, weil er seine Entscheidung an die Wahrnehmung seines Kumpels angepasst hat, anstatt darauf zu vertrauen, dass er selbst schon die richtige Wahl treffen wird. Das ist tückisch, nicht nur beim Hundekauf. Schließlich kennt sich niemand besser mit der eigenen Person und dem eigenen Leben aus als man selbst. Legt man sämtliche Entscheidungen in „fremde“ Hände, führt man schlussendlich ein Leben, dessen Verlauf andere schreiben.

Wunsch, jemand anders zu sein

Befindet sich das „Selbstliebe-Konto“ im Minus, kommt manchmal der Wunsch auf, einfach in die Haut einer anderen Person schlüpfen zu können. Ziemlich egal wessen Haut, Hauptsache nicht die eigene.

Starker innerer Kritiker

Die meisten Menschen, denen es an Selbstliebe fehlt, haben einen übermäßig starken inneren Kritiker. Was der innere Kritiker ist? Er ist die innere Stimme, die dich kritisch betrachtet und ihren Senf dazugibt. Grundsätzlich ist der innere Kritiker wichtig. Er zwingt dich dazu, über dein Handeln und über dich selbst nachzudenken und nicht alles ausnahmslos und ohne zu hinterfragen als grandios einzustufen. Wie bei so vielem im Leben, kommt es aber auf das richtige Maß an. Wenn die kritische Stimme allgegenwärtig ist, ständig nur meckert und das Selbstvertrauen sowie das Selbstwertgefühl massiv schwächt, ist das ein großes Problem. Mit dem inneren Kritiker und damit, diesen in den Griff zu bekommen, beschäftigen wir uns in Kapitel 8 ausführlich.

Ständiges Vergleichen

Wer sich selbst liebt, nimmt sich so wie er ist und weiß, dass es ihm selbst gegenüber unfair ist, sich mit anderen zu vergleichen. Fällt die Selbstliebe jedoch gering aus, führt die Unsicherheit in Verbindung mit der Suche nach Bestätigung dazu, dass man sich laufend solch unsinnigen Vergleichen aussetzt. Wie das in der Praxis aussehen kann, zeigen diese beiden Beispiele:

Jochen ist seit zwei Jahren in einer glücklichen Beziehung – eigentlich. Seit dem Pärchenabend am Tag zuvor, bei dem er erfahren hat, dass sein Kumpel dessen Freundin heiraten wird und dass außerdem Nachwuchs unterwegs ist, beschleicht Jochen nämlich das Gefühl, dass es in seiner Beziehung nicht schnell genug vorangeht. Plötzlich stört ihn die Tatsa-

che, dass er und seine Geliebte nach wie vor in getrennten Wohnungen leben und noch nicht einmal über Hochzeit oder Nachwuchs geredet haben.

Laura ist zu einer Party eingeladen, für die sie sich extra schick gemacht hat. Der Blick in den Spiegel überzeugt und sie verlässt gut gelaunt das Haus. Am Ort des Geschehens angekommen ändert sich das von Minute zu Minute: Im Vergleich zu den anderen Mädels auf der Party sieht Laura ziemlich langweilig aus, findet sie.

Die Moral von der Geschicht‘: Wenn du zufrieden sein willst, vergleiche dich nicht.

Empfinden des Selbst als unwichtig

Sich selbst nicht allzu ernst zu nehmen, ist eine gute Eigenschaft und erleichtert das Leben unter Umständen allgemein. Wenn man sich selbst und seine Bedürfnisse aber weder ernst noch wichtig nimmt, hat dies oft mit einem Mangel an Selbstliebe zu tun und führt manchmal zum übersteigerten Altruismus, über den wir bereits gesprochen haben.

Selbsthass, Selbstverletzung und Selbstzerstörung

Im Extremfall gipfeln alle beschriebenen Merkmale in einem zerstörerischen Selbsthass. Man liebt sich nicht nur eher wenig, sondern empfindet einen massiven Hass auf sich selbst, der ein zufriedenes Leben unmöglich macht. Manche Menschen, die so empfinden, tendieren dazu, sich selbst zu verletzen. Entweder als Akt der Selbstbestrafung, um den inneren Schmerz erträglich zu machen oder einfach nur, um dem Selbsthass Ausdruck zu verleihen. Wenn du jetzt sofort an das berühmt berüchtigte Ritzen denkst, liegst du nicht falsch, doch dies ist nur eine der vielen möglichen Formen, die selbstverletzendes Verhalten annehmen kann. Weitere Beispiele sind das Schlagen mit dem Kopf gegen harte Oberflächen, das Verweigern von Nahrung und Flüssigkeit, bewusster Schlafentzug, das Ausreißen der Haare, das Stechen mit Nadeln, das Einwilligen in und Ausführen von sexuellen Aktivitäten, die einen eigentlich abschrecken, das Kratzen und das

Verbrennen der Haut. Solltest du dich selbst verletzen oder mit dem Gedanken spielen, dies zu tun, solltest du dringend professionelle Hilfe in Anspruch nehmen. Auch wenn du das im Moment nicht sehen oder spüren kannst: Du bist es wert, du hast es verdient zu lernen, den Leidensdruck auf andere Weise zu senken und es kann besser werden – versprochen.

Das Wichtigste in Kürze

- ✓ Ein Mangel an Selbstliebe kann sich von Mensch zu Mensch unterschiedlich äußern. Dennoch gibt es „Symptome“ und Anzeichen, die besonders häufig zu beobachten sind.
- ✓ Zu diesen Anzeichen gehören zum Beispiel ein stark ausgeprägter Altruismus, häufige Unsicherheit, der Zweifel an der eigenen Liebenswürdigkeit und ein mächtiger innerer Kritiker.
- ✓ Ein bedeutendes Minus auf dem „Selbstliebe-Konto“ kann sich in Selbsthass manifestieren. Manchmal kommt es dann zu selbstverletzendem Verhalten, das verschiedene Gründe haben kann. In einem solchen Fall ist professionelle Hilfe, zum Beispiel in Form einer ambulanten Psychotherapie, gefragt.

Kapitel 3: Top 8 Mythen zur Selbstliebe

Seit das Thema Selbstliebe an Bekanntheit gewonnen hat, ist das Internet voll von diesbezüglichen Meinungen, Aussagen und Ratschlägen – von vorsichtig formuliert und subjektiv über praktisch und durchaus plausibel bis hin zu ziemlich obskur oder einfach nur falsch. Deshalb konzentriert sich dieses Kapitel auf die Top 8 der häufigsten Mythen rund um die Selbstliebe.

#1: Sich selbst zu lieben ist extrem schwer

Sicher gibt leichteres, als sich selbst zu lieben. An diesem Mythos ist insofern was dran, dass eben aller Anfang schwer ist und es durchaus Mühe und Durchhaltevermögen kostet, sich selbst lieben zu lernen. Doch je weiter man diesen Weg verfolgt, desto einfacher wird es und desto schneller folgt Fortschritt auf Fortschritt. Man könnte also sagen, dass das Gewinnen von Selbstliebe schwer ist – noch schwerer ist es aber, ein Leben voller Selbsthass zu führen.

#2: Selbstliebe bedeutet, in den eigenen Augen immer alles richtig zu machen

Das ist absoluter Blödsinn. Manche Menschen denken, dass sich selbst zu lieben bedeutet, sich ständig selbst zu bejubeln und jeden der eigenen Gedanken sowie alles, was man tut, zu feiern. Das ist natürlich nicht der Fall. Auch wenn du dich selbst liebst, kannst du Fehler machen und diese als solche erkennen. Deine Schwachstellen und Macken werden nicht wie durch Zauberhand verschwinden. Der Punkt ist: Du wirst dich trotz deiner Fehler lieben. Du wirst Dinge falsch machen, aber gleichzeitig wissen, dass dies deinen Wert als Person nicht schmälert. Denke einmal an einen Menschen, den du liebst: Findest du, dass dieser immer alles richtig macht? Vermutlich nicht. Sicherlich ist diesem Menschen auch schon der ein oder andere Fehler unterlaufen. Und du liebst ihn trotzdem immer noch. Genauso verhält es sich auch mit der Selbstliebe. Sie raubt dir nicht die Fähigkeit, dein Handeln zu reflektieren und gegebenenfalls als falsch zu erkennen.

Sie beschert dir lediglich die Fähigkeit, dir deine Fehler zu verzeihen und dich nicht für sie zu hassen.

#3: Wenn man sich selbst liebt, lösen sich alle Probleme des Lebens wie von selbst

Das wäre fantastisch, ist aber leider nicht wahr. Selbstliebe kann dir weder den verlorenen Job zurückbringen noch deinen Partner vom Fremdgehen abhalten oder deine Familie vor Krankheiten beschützen. Einige Autoren und Coaches, die sich im Bereich der Selbstliebe bewegen, äußern sich tatsächlich so, dass man den Eindruck gewinnt, mit ausreichend Selbstliebe ließen sich alle Probleme aus der Welt schaffen und die Sonne würde immer scheinen. Das tun sie nicht, weil etwas Wahres daran ist, sondern um möglichst viele Menschen für sich einzunehmen und letztendlich ordentlich Geld zu verdienen. Wer wünscht sich kein sorgenfreies Leben? Realistisch betrachtet haben aber eben alle Menschen mit Problemen zu kämpfen, egal ob sie sich selbst lieben oder nicht. Wenn du also erwartet hast, mit der Selbstliebe den ultimativen und einzigen Schlüssel zum ewigen und vollkommenen Glück zu finden, muss ich dich enttäuschen. Früher in diesem Buch wurde die Selbstliebe als einer der Zentralschlüssel zum Glück bezeichnet, was nach wie vor stimmt. Wie du im nächsten Kapitel erfahren wirst, bringt es viele wertvolle Vorteile mit sich, sich selbst zu lieben. Doch es gibt zahlreiche weitere Faktoren, die das Lebensglück beeinflussen und absolut nichts mit Selbstliebe zu tun haben. Wer etwas anderes verspricht, spielt mit den utopischen Illusionen seiner Leser und Kunden und ist letztendlich ein Betrüger.

#4: Nur wenn man sich selbst liebt, wird man auch von anderen geliebt

Eine weit verbreitete und extrem schädliche Meinung, die du sicher kennst, lautet: Nur wer sich selbst liebt, kann auch geliebt werden. Das ist bestes Futter für den inneren Kritiker. „Wenn ich mich schon nicht liebe, kann das unmöglich ein anderer tun.“ Lass dir gesagt sein, dass dies nicht im Geringsten zutrifft. Auch wenn du dich momentan noch nicht liebst, wirst du von anderen geliebt. Und sicherlich liebst du auch den ein oder anderen Menschen, der sich selbst nicht liebt. Sich selbst zu lieben und von anderen geliebt zu werden – diese beiden Dinge hängen nicht zusammen. Nur weil das eine nicht zutrifft, muss das andere nicht ausbleiben. Wenn du also das nächste Mal über ein Bild mit diesem oder ähnlichem Inhalt stolperst, darüber liest oder diese Ansicht ins Gesicht gesagt bekommst, sei dir bewusst, dass nichts davon der Realität entspricht.

#5: Nur wer sich selbst liebt, kann andere lieben

Ähnlich verbreitet und genauso falsch ist die Annahme, Selbstliebe sei die Voraussetzung für Nächstenliebe. Wie du bereits weißt, kann die Selbstliebe dazu beitragen, dass du dich besser fühlst und somit mehr Kapazitäten aufbringen kannst, um anderen beizustehen. Lieben kannst du aber auch ohne Selbstliebe ganz uneingeschränkt.

#6: Selbstliebe macht faul und ziellos

Manche Menschen gehen davon aus, dass man zwangsläufig faul, selbstzufrieden und ziellos wird, wenn man sich liebt. Warum sollte man sich noch um etwas bemühen, an sich und seinen Fähigkeiten arbeiten oder nach Größerem streben, wenn man sich genauso, wie man ist, liebt? Wahr ist, dass Selbstliebe dazu führt, dass man sich unabhängig davon, was man kann, ist oder hat, annimmt und wertschätzt. Doch heißt das, keine Ziele mehr zu haben und sich nicht zu verändern? Nein. Im Gegenteil: Die Selbstliebe weckt in vielen Menschen den Antrieb, die beste Version ihrer selbst zu werden, sich stetig zu verbessern und das zu erreichen, was sie sich wünschen. Aber eben nicht, um anderen zu gefallen oder einem gesellschaftlichen Standard zu entsprechen, sondern um das eigene Wohlbefinden zu steigern. Deine Ziele werden mit mehr Selbstliebe nicht verschwinden, sie werden sich aber gegebenenfalls ändern. Weg von dem, was du glaubst, sein und tun zu müssen und hin zu dem, was du wirklich willst und was dir gut tut.

#7: Selbstliebe macht/ist unsympathisch

Selbstliebe wird manchmal mit Arroganz verwechselt und diese wirkt oftmals unsympathisch. Vor allem Personen, die selbst ein eher schwieriges Verhältnis zu sich haben, tun sich schwer damit, die Selbstliebe anderer als wichtig und richtig zu erkennen. Wie du im ersten Kapitel dieses Buches gelernt hast, sind Selbstliebe und Selbstverliebtheit aber nicht dasselbe. Selbstverliebtheit und Arroganz gehen normalerweise Hand in Hand, die Selbstliebe aber hat nichts mit der Arroganz zu tun. Menschen, die dich aufgrund deiner Liebe zu dir selbst unsympathisch finden, solltest du aus deinem Leben streichen. Sie werden den Weg, auf dem du dich befindest, nie verstehen und belasten dich mit den umgangssprachlichen „Bad Vibes“.

#8: Es ist nicht normal, sich selbst zu lieben

Dieser Mythos kann weder bestätigt noch widerlegt werden. Denn er ist gleichzeitig wahr und falsch. Wahr ist, dass es in unserer heutigen Gesellschaft nicht normal ist, sich selbst zu lieben. Die Definition von „normal“ ist „der Norm entsprechend“ und die Norm definiert sich aus dem, was die Mehrzahl der Menschen widerspiegelt. Und die Mehrzahl der deutschen Bevölkerung hat schwer mit der Selbstliebe zu kämpfen oder befasst sich gar nicht erst mit dem Thema. Fragst du zehn Menschen, ob sie sich selbst lieben, werden maximal zwei bis drei Personen diese Frage bejahen. In diesem Sinne ist Selbstliebe also nicht normal. Für die einzelne Person kann sie aber zur wahrgenommenen Normalität werden. Denn wir übertragen unser eigenes Innenleben nur allzu gern und meist unbewusst auf die Menschen um uns herum. Du liebst dich selbst nicht, also gehst du davon aus, dass auch andere das nicht tun. Sobald du aber ausreichend Selbstliebe entwickelt hast, wird diese für dich zur persönlichen Normalität.

Kapitel 4: Vorteile – Sich liebend durchs Leben gehen

Durch die vorigen drei Kapitel hast du sicherlich schon einige Ideen bezüglich der Vorteile der Selbstliebe gewonnen. Um ganz klar aufzuzeigen, von welchen Pluspunkten du dank Selbstliebe profitierst, sehen wir uns die zentralsten dieser Punkte nachfolgend unterteilt in drei Kategorien genauer an.

Vorteile im privaten Alltag

Zunächst werfen wir einen Blick auf die Vorzüge der Selbstliebe in deinem privaten Alltagsleben:

Selbstbewusstsein und Selbstsicherheit

Wie du weißt, ist das Selbstvertrauen ein wichtiges Element der Selbstliebe. Doch nicht nur dein Vertrauen in dich selbst wird wachsen, sondern auch dein Selbstbewusstsein und deine Selbstsicherheit. Du wirst wissen, wer du bist und was du zu bieten hast, du wirst dich seltener unsicher fühlen und ein Selbstbewusstsein nach innen und außen ausstrahlen.

Entscheidungsfreudigkeit

Es wird dir leichter fallen, die richtigen Entscheidungen für dich und dein Leben zu treffen. Du wirst selbstständig und schneller entscheiden können, ohne dabei auf die Bestätigung anderer angewiesen zu sein.

Emotionale Ausgeglichenheit

Du wirst dich emotional ausgeglichener fühlen. Kleinigkeiten können dich nicht mehr aus der Bahn werfen und dein Emotionsleben wird sich deutlich stabiler gestalten. Das liegt daran, dass einige der Faktoren, die für Stimmungsschwankungen und emotionale Ausbrüche sorgen, wegfallen. Dazu gehört zum Beispiel die ständige Unsicherheit.

Selbstfürsorge

Du wirst lernen, Verantwortung für dich und dein Wohlbefinden zu übernehmen und wissen, wie du dich am besten um dich selbst kümmern kannst.

Selbstverwirklichung

Du wirst den Mut finden, deinen eigenen Weg selbstbestimmt und konsequent zu gehen und dich so zu verwirklichen, wie du es für richtig hältst.

Vorteile im Berufsleben

Auch im beruflichen Kontext hilft dir die Selbstliebe weiter:

Innerer Kompass

Je mehr Selbstliebe du empfindest, desto klarer wird dir, was du beruflich wirklich erreichen möchtest. Was ist dir wichtig? Womit möchtest du deine Zeit verbringen und welche Erfolge bringen dich persönlich weiter? Dein innerer Kompass wird dir, gestärkt durch deine Selbstliebe, den Weg weisen.

Durchsetzungsvermögen

Deine Selbstsicherheit, dein Selbstvertrauen und dein selbstbewusstes Auftreten werden dir in der Gesamtheit zu einem starken Durchsetzungsvermögen verhelfen. Das nützt dir im beruflichen Alltag, beim Verfolgen deiner beruflichen Ziele und nicht zuletzt bei Gehaltsverhandlungen und Co.

Engagement und Motivation

Sobald dein innerer Kompass dich zu einer beruflichen Tätigkeit geführt hat, die deiner Persönlichkeit entgegen kommt und dir Freude bereitet, wirst du durch Engagement und Motivation glänzen. Vielleicht bist du aber auch schon in einem Job tätig, der zu dir passt, und die Selbstliebe muss dir nur noch dabei helfen, dein Potenzial in diesem Bereich voll auszuschöpfen.

Vorteile in Beziehungen

Selbstliebe kann in puncto Beziehungen, egal ob romantisch, familiär oder freundschaftlich, wahre Wunder wirken.

Toleranz und Großzügigkeit

Wenn du dich selbst liebst, wirst du feststellen, dass du toleranter und großzügiger gegenüber anderen Menschen wirst. Durch die Akzeptanz deiner eigenen Macken, Schwächen und Fehler, fällt es dir ganz einfach leichter, diese auch bei anderen zu akzeptieren. Und deine Zufriedenheit mit dir selbst erlaubt es dir, anderen ihre Erfolge neidlos zu gönnen.

Grenzen setzen

Viele Menschen haben Schwierigkeiten damit, Grenzen in zwischenmenschlichen Beziehungen zu setzen. Sie haben Angst, weniger geliebt zu werden, wenn sie für sich selbst und das, was ihnen gut tut, einstehen. Mit der Selbstliebe kommt die Fähigkeit, dich für dich selbst einzusetzen, sodass du gesunde Grenzen setzen kannst, die zu einer funktionierenden Beziehung beitragen.

Liebe annehmen

Wenn du zu den Menschen gehörst, die die Liebe anderer nur schwer annehmen können, wird sich auch dieses Problem mit wachsender

Selbstliebe legen. Es wird dir leichter fallen, zu glauben, dass du geliebt wirst und dass du diese Liebe verdient hast.

Gesunde Beziehungen

Insgesamt trägt Selbstliebe so zum Führen gesunder Beziehungen bei, die dich dazu inspirieren, deine Selbstliebe weiter auszubauen, anstatt sie in Frage zu stellen oder zu schwächen. Das Ergebnis sind Beziehungen, die dir gut tun, in denen du ganz du selbst sein kannst und dich nicht verstellen musst, um sie aufrechterhalten zu können.

Das Wichtigste in Kürze

- ✓ Selbstliebe bringt zahlreiche Vorteile mit sich, die in sämtlichen Lebensbereichen spürbar sind.
- ✓ In deinem privaten Alltag profitierst du mitunter von mehr Selbstbewusstsein, der Fähigkeit, im Alleingang Entscheidungen treffen zu können und einer größeren emotionalen Ausgeglichenheit.
- ✓ Im Beruf verhilft dir die Selbstliebe zu mehr Durchsetzungsvermögen und unterstützt dich beim Finden und Ausbauen einer Position, in der du dich wohlfühlst und deine Stärken engagiert einsetzen kannst.
- ✓ Insbesondere in Beziehungen – egal ob romantisch, freundschaftlich oder familiär – ist die Selbstliebe Gold wert. Durch sie wirst du gegenüber anderen Menschen toleranter und großzügiger, traust dich, klare Grenzen zu setzen und wirst letztendlich dazu befähigt, wirklich gesunde Beziehungen aufzubauen und zu erhalten.

Kapitel 5: Selbsttest - Wie sehr liebst du dich selbst?

Wie steht es eigentlich um deine Selbstliebe? Liebst du dich bereits aufrichtig, stehst du dir selbst eher neutral gegenüber oder tendierst du womöglich sogar zum Selbsthass? Der Selbsttest in diesem Kapitel unterstützt dich dabei, eine Antwort auf diese Frage zu finden. Wichtig ist, dass du möglichst ehrliche Angaben machst und dir genügend Zeit für den Test nimmst. Du musst ihn nicht zwangsläufig jetzt machen, denn die darauffolgenden Kapitel bauen nicht darauf auf. Widme dich dem Selbsttest, wenn es für dich stimmig ist und du dich voll und ganz darauf einlassen kannst.

Frage 1

Ein guter Freund macht dir ein Kompliment über deinen Humor. Du...

(A) Freust dich ehrlich darüber und findest es schön, dass jemand, der dir nahesteht, deinen Humor zu schätzen weiß.

(B) Bedankst dich und fühlst dich geschmeichelt, weißt aber nicht so richtig, was an deinem Humor so toll sein soll.

(C) Winkst ab und/oder widersprichst, weil dir Komplimente unangenehm sind und du dir sicher bist, dass dein Freund es nicht ernst meint.

Frage 2

Beim Vorstellungsgespräch wirst du nach deinen Stärken gefragt. Du...

(A) ...nennst sie ohne Umschweife und gewinnst noch mehr Selbstbewusstsein aus deiner Antwort.

(B) ...weißt nicht so recht, was du sagen sollst. Klar hast du Stärken, aber sind die wirklich nennenswert?

(C) ...kommst ganz schön ins Schwitzen. Das ist eine Frage, bei der du eindeutig lügen musst.

Frage 3

Wenn du in den Spiegel siehst, dann...

(A) ...bist du zufrieden.

(B) ...würdest du das ein oder andere gerne ändern - aber hey, wer nicht?

(C) ...sinkt deine Laune schlagartig in den Keller.

Frage 4

Wenn eine Entscheidung getroffen werden muss, ...

(A) ...vertraust du ganz auf deine Einschätzung und lässt dich nicht von abweichenden Meinungen beirren.

(B) ...suchst du Rat bei Menschen, die dir nahestehen, hörst aber letztendlich auch auf deine Intuition.

(C) ...hoffst du, dass sie dir abgenommen wird.

Frage 5

Eine Freundin kritisiert dich. Du...

(A) ...reflektierst und entscheidest dann, ob die Kritik berechtigt ist.

(B) ...fühlst dich angegriffen und schaltest selbst in den Angriff-Modus.

(C) ...wirst augenblicklich zur personifizierten Unsicherheit und zweifelst an allem, was dich ausmacht.

Frage 6

Du hast eine Hausarbeit abgegeben und bemerkst erst danach, dass dir ein fataler Fehler unterlaufen ist. Du...

(A) ...ärgerst dich, kannst aber auf produktive Weise mit diesem Ärger umgehen. Aus Fehlern lernt man schließlich und jedem passiert mal was Blödes.

(B) ...bist nur mittelmäßig überrascht. Wäre ja auch absolut untypisch, wenn du zur Abwechslung mal eine einzige Sache richtig machen würdest.

(C) ...bist extrem wütend auf dich selbst, schämst dich für den Fauxpas und würdest dir am liebsten selbst eine deftige Ohrfeige geben. Der Fehler verdirbt dir noch tagelang die Laune und sorgt dafür, dass du noch strenger und kritischer mit dir umgehst.

Frage 7

Du hast an einem Wettkampf teilgenommen und haushoch verloren. Du...

(A) ...weißt, das du dein Bestes gegeben hast. Es gibt also keinen Grund, nicht zufrieden mit dir zu sein.

(B) ...bist wirklich enttäuscht und fragst dich, was du wohl falsch gemacht hast.

(C) ...fühlst dich als Totalversager und erinnerst dich sofort an die hundert anderen Gelegenheiten in deinem Leben, die du nicht für dich nutzen konntest.

Frage 8

Eine Prüfung, für die du viel gelernt hast, liegt hinter dir und du hast die Bestnote erhalten. Du...

(A) ...freust dich unglaublich und bist sehr stolz auf dich. Es ist einfach wunderbar, wenn sich harte Arbeit auszahlt.

(B) ...freust dich, fragst dich aber insgeheim, ob du die Bestnote wirklich verdient hast.

(C) ...erlaubst dir nur einen ganz kurzen Moment der Freude. Schließlich hast du schon so oft versagt, dass dir wohl kaum ein Schulterklopfen zusteht.

Frage 9

Wenn du dich ungerecht behandelt fühlst, ...

(A) ...stehst du für dich ein und sprichst das Thema an.

(B) ...kommt deine Reaktion auf die Situation an. Oft schluckst du es einfach.

(C) ...hast du es auch nicht anders verdient.

Frage 10

Ein Freund bittet dich um Hilfe. Leider hast du schon einen wichtigen Termin, auf den du wochenlang gewartet hast. Du...

(A) ...erklärst deine Lage und nimmst deinen Termin wahr. Vielleicht kannst du deinem Freund ja im Anschluss unter die Arme greifen.

(B) ...bist hin- und hergerissen, entscheidest dich letztendlich für den Termin, entschuldigst dich tausendmal dafür und hast ein extrem schlechtes Gewissen.

(C) ...hilfst deinem Freund. Wen kümmert es, wenn du noch ein paar Monate mehr auf einen neuen Termin warten musst?

Frage 11

Du hast einen wirklich miesen Tag: Dein Kopf tut weh, du hast schlecht geträumt und die Stimmung ist scheinbar grundlos am Boden. Du...

(A) ...lässt es heute ruhig angehen und konzentrierst dich soweit möglich auf das, was dir gerade gut tut.

(B) ...nimmst eine Kopfschmerztablette und versuchst, den Tag irgendwie hinter dich zu bringen.

(C) ...nimmst keine Rücksicht auf dein Befinden – wo kämen wir denn da hin?

Frage 12

Wenn jemand etwas besser kann als du, ...

(A) ...ist das ok. Jeder hat seine eigenen Talente.

(B) ...ärgert dich das schon ein bisschen und motiviert dich dazu, härter an deinen Fähigkeiten zu arbeiten.

(C) ...Jemand und etwas? Jeder und alles wäre realistischer.

Frage 13

Wo würdest du deine Selbstliebe auf einer Skala von 1 (kaum vorhanden) bis 10 (auf hohem Niveau) einordnen?

(A) 8 bis 10

(B) 4 bis 7

(C) 1 bis 3

Wenn du alle Fragen beantwortet hast, kannst du im Folgenden nachlesen, wie hoch deine Selbstliebe vermutlich angesiedelt ist. Zähle dafür ganz einfach, wie oft du jeweils Antwort A, B und C gewählt hast.

Überwiegend **Antwort A**

Du hast dich in der Mehrheit für Antwort A entschieden? Herzlichen Glückwunsch: Du bist ein echter Profi in Sachen Selbstliebe – das ist wundervoll! Du kennst deine Stärken, stellst dein Licht nicht unter den Scheffel und kümmerst dich gut um dich selbst. Das bedeutet aber natürlich nicht, dass dir dieses Buch nicht nützen kann. Schließlich lernt man nie aus und die nächsten Kapitel halten sicherlich einige Infos, Tipps und Übungen bereit, die es sich auch für dich zu lesen und auszuprobieren lohnt.

Überwiegend **Antwort B**

Wenn du dein Kreuzchen überwiegend bei Antwort B gesetzt hast, bist du kein Selbstliebe-Neuling, doch es ist noch viel Luft nach oben. Du hasst dich nicht, aber von inniger Liebe kann auch nicht wirklich gesprochen werden. Noch hast du es nicht geschafft, dich in deiner Ganzheit anzunehmen, dich so wertzuschätzen, wie du es verdienst, und zu 100 % zu und hinter dir zu stehen. Dieses Buch kann für dich von großem Wert sein: Du wirst lernen, wie du deine Selbstliebe auf eigene Faust steigern kannst – ohne Tricks, ganz ehrlich und vor allem nachhaltig. Den ersten Schritt hast du durch das Lesen bis zu dieser Stelle bereits geschafft. Bleibe dran und erlebe am eigenen Leib, welchen Einfluss die Selbstliebe auf dein Leben nimmt.

Überwiegend **Antwort C**

Du hast besonders häufig Antwort C gewählt? Dann spielt Selbstliebe in deinem Leben bislang keine große Rolle. Du bist kein Fan von dir, stehst dir oft selbst im Weg und machst dir das Leben in manchen Fällen schwerer, als es sein müsste. Das ist schade, muss aber nicht so bleiben. Und: Damit bist du ganz und gar nicht allein. Dieses Buch ist für Menschen wie dich geradezu geschaffen. Es gibt dir hilfreiche und praktisch umsetzbare Tipps und Übungen an die Hand, mit denen du deine Selbstliebe effektiv boosten kannst. Also Kopf hoch! Mit etwas Durchhaltevermögen, Geduld und Willenskraft wirst du den Weg hin zu mehr Selbstliebe meistern.

Kapitel 6: Mehr Selbstliebe in 7 Schritten

Langsam, aber sicher bewegen wir uns weg von der reinen Theorie und steuern in Richtung der praktischen Umsetzung der Selbstliebe. In diesem Kapitel sehen wir uns die einzelnen Schritte, die im Endeffekt zur Selbstliebe führen, nacheinander an. Es kann dir als grober Leitfaden dienen, an dem du dich auf deiner persönlichen Reise entlanghangeln kannst. Dabei solltest du jedoch nicht vergessen, dass sich selbst lieben zu lernen immer ein sehr individueller Prozess ist. Du kannst also prinzipiell auch Schritte überspringen, zusätzliche Steps hinzufügen oder die Reihenfolge ändern. Lasse dich einfach dazu inspirieren, deinen eigenen Weg zu finden.

#1: Wunsch und Wille

Sicherlich weißt du aus eigener Erfahrung, dass man sich lange wünschen kann, sich selbst zu lieben – ohne das aktive Ergreifen von Maßnahmen, die dazu beitragen, nutzt der alleinige Wunsch nicht viel. Ist der ehrliche Wunsch aber nicht gegeben, verlaufen umgekehrt sämtliche Mühen im Sande. Sprich: Du musst aufrichtig daran interessiert sein, Selbstliebe zu entwickeln. Es reicht nicht, mehr Selbstliebe empfinden zu wollen, weil das vielleicht irgendwie und irgendwann mal nützlich sein könnte oder weil du heute Morgen auf Instagram gelesen hast, dass Selbstliebe wichtig ist. Du musst eine tiefe Sehnsucht danach verspüren, dich selbst zu lieben. Du musst es dir wirklich wünschen, es wollen und bereit sein, etwas dafür zu tun. Ohne diesen ersten Schritt, hat alles Weitere nicht viel Sinn. Höchstwahrscheinlich ist der Wunsch nach mehr Selbstliebe bei dir vorhanden, ansonsten würdest du dieses Buch wohl nicht in den Händen halten. Die folgenden kurzen Übungen helfen dir dabei, den Wunsch zu stärken, zu intensivieren und langfristig am Leben zu halten. So lange, bis du endlich am Ziel angekommen bist.

Klare Formulierung

Warum möchtest du dich selbst lieben? Sicher, dieses Buch hat dir viele Vorteile der Selbstliebe aufgezeigt. Dennoch kann deine Motivationsquelle an und für sich ganz anderer Natur sein. Spüre in dich hinein, nimm dir Zeit, um über die Thematik nachzudenken, und schreibe dann auf, warum genau du zur Selbstliebe finden möchtest. So transformierst du deinen Wunsch von der vagen Vorstellung zum festen Willen.

Abendliche Visualisierung

Hast du schon einmal von der Technik der Visualisierung gehört? Dabei geht es darum, ein Ziel zu verinnerlichen, indem man sich möglichst genau in den Zustand dessen Erreichung hineinversetzt. Am besten suchst du dir hierfür zu Beginn ein imaginäres Bild, das dich voller Selbstliebe zeigt. Du könntest dir beispielsweise vorstellen, in den Spiegel zu blicken und zufrieden zu lächeln oder allein mit dir selbst in Ruhe und Zufriedenheit auf der Couch zu sitzen. Was auch immer für dich die Selbstliebe symbolisiert, ist perfekt. Baue das Bild in Gedanken auf und präge es dir ein. Dann machst du das Visualisieren dieses Bildes zu deiner abendlichen Routine. Immer wenn du dich schlafen legst, rufst du dir das Bild vor Augen. Zeitgleich versuchst du, dich so zu fühlen, wie du es vermutlich tun würdest, wenn das Bild bereits Realität wäre. So bekommst du nicht nur ein besseres Gefühl dafür, was Selbstliebe ist und wie sie sich für dich anfühlen könnte, sondern verlierst dein Ziel außerdem nicht aus den Augen.

Tägliche Erinnerung

Sicher gibt es Orte in deiner Wohnung, die du täglich passierst. Beispiele sind der Spiegel im Badezimmer, der Wecker auf dem Nachttisch, die Tür des Kleiderschranks und die Obstschale auf dem Esstisch. Bringe Post-Ist an diesen Stellen an, auf denen du jeweils einen der Gründe für deinen Wunsch nach mehr Selbstliebe notierst. Auf diese Weise wirst du Tag für Tag ganz automatisch und quasi nebenbei an deinen innigen Wunsch erinnert.

#2: Selbstwahrnehmung und Selbstreflektion

Damit du später erkennen kannst, dass deine Selbstliebe wächst, musst du dich schon jetzt in Selbstwahrnehmung und Selbstreflektion üben. Du musst also unter anderem bemerken, was genau zeigt, dass du dich momentan nicht oder kaum liebst. Das große Schlüsselwort lautet in diesem Zusammenhang Achtsamkeit. In den folgenden Kapiteln kommen wir immer wieder darauf zu sprechen und du wirst mehrere Übungen finden, mit denen du deine Selbstwahrnehmung und die Fähigkeit der fairen Selbstreflektion fördern kannst.

#3: Loslassen und verzeihen

Auf die Selbstliebe angesprochen, beginnen viele Menschen ganz automatisch nach Gründen zu suchen, aus denen sie sich unmöglich lieben können. Viele davon liegen in der Vergangenheit. Es sind Fehler, die gemacht wurden und die als so groß und mächtig empfunden werden, dass sie der Selbstliebe konsequent den Weg versperren. Um mehr Liebe für dich selbst in dein Leben zu lassen, musst du lernen, solche Dinge loszulassen und dir selbst zu verzeihen. Mit diesem Aspekt setzen wir uns im nächsten Kapitel im Detail auseinander.

#4: Frieden schließen mit dem Innen

Die Selbstliebe hat sehr viel damit zu tun, Frieden zu schließen. Die Waffen niederzulegen, den Kampf, der seit Jahren und Jahrzehnten tobt, zu beenden und dir selbst die Hand zu reichen. Die unsinnige und doch tief verwurzelte Feindschaft ad acta zu legen und damit zu beginnen, ein stabiles Band der loyalen Freundschaft zu knüpfen. Frieden mit deinem Inneren zu schließen, bedeutet deine Stärken und auch deine Schwächen anzuerkennen, ohne dich derer zu schämen oder gar zu hassen. Es heißt, dich als Person genauso anzunehmen, wie du bist und damit aufzuhören, deine Energie mit erfolglosen Versuchen, dich gewaltsam zu ändern, zu verschwenden. Es besagt zu erkennen, dass du dich nicht ändern musst, um wertvoll zu sein und mit dir zufrieden sein zu können. Es bedeutet, dein Potenzial zu sehen und zu feiern, anstatt dich direkt dafür zu rügen, es noch nicht voll ausgeschöpft zu haben. Mit dem Friedenschließen kommt die Gewissheit, dass du nicht nur gut genug, sondern auf deine unperfekte Art perfekt bist. Insbesondere Kapitel 8 wird dir dabei Hilfe leisten und dir einen Weg aufzeigen, die weiße Fahne zu hissen.

#5: Frieden schließen mit dem Außen

Dein Körper ist eine Hülle, ein Tempel, ein Meisterwerk der Natur. Und er bietet dem Selbsthass eine gewaltige Angriffsfläche. Wenn du es geschafft hast, mit deinem Innen Frieden zu schließen, hast du etwa zwei Drittel der Route geschafft. Das letzte Drittel beinhaltet das Friedenschließen mit dem Außen, also mit deinem äußeren Erscheinungsbild. Erstaunlicherweise bereitet dieser Teil der Reise vielen Menschen besonders große Schwierigkeiten. Deshalb findest du in diesem Buch ein Kapitel (Kapitel 9), das sich einzig und allein dem Körperbild und dem Entwickeln der Liebe zum eigenen Körper widmet.

#6: Tendenzen erkennen

Der Weg ist das Ziel und du wirst feststellen, dass das Ziel selbst ein Weg ist. Selbst wenn du große Schritte gemacht und eine innige Selbstliebe entwickelt hast, muss diese aufrechterhalten und gepflegt werden. Es ist und bleibt daher wichtig, Tendenzen zu erkennen und möglichst früh wahrzunehmen, wenn sich der Wind dreht. Zum einen sind damit Tendenzen gemeint, die dir zeigen, dass deine Selbstliebe gedeiht, zum anderen aber auch solche, die auf Rückschritte und Herausforderungen hinweisen und somit als Warnsignale zu deuten sind.

#7: Veränderung zulassen, akzeptieren und willkommen heißen

Veränderung kann Angst machen. Vielleicht erinnerst du dich noch an deinen ersten Schultag oder den Tag, an dem du dein Abschlusszeugnis erhalten hast. Sicher warst du nervös und aufgeregt. Du hast dich gefreut, aber auch gewusst, dass sich nun einiges verändern wird, und das hat dir ein flaues Gefühl im Magen beschert. Als Gewohnheitstiere schätzen wir Menschen das Konstante. Wir gehen am liebsten über sicheres, bereits ausgiebig erkundetes Terrain und fühlen uns wohl, wenn wir einer Routine folgen können. Und dennoch sieht die Realität ganz anders aus: Das Leben selbst ist pure Veränderung. Jeder Tag wird zur Nacht, jeder Herbst zum Winter und jede glatte Haut bekommt Falten. Wir befinden uns nicht in einem sicher eingegrenzten, immergleichen Stausee, sondern auf einem Fluss, der scheinbar willkürlich die Richtung ändern kann, mal schneller und mal langsamer fließt, Kurven schlägt und sich keinesfalls daran hindern lässt. Die Veränderungen, die in und an uns selbst ablaufen, nehmen wir oftmals erst in der Retrospektive wahr. Wir sind einfach zu nah dran und zu beschäftigt, um sie fein und prompt zu erkennen. Doch wir können uns einer Sache sicher sein: Wir verändern uns stetig. Du bist heute nicht mehr der Mensch, der du gestern warst und schon morgen wirst du nicht mehr zu 100 % mit deinem heutigen Ich übereinstimmen. Das ist der Lauf des Lebens. Dich zu lieben bedeutet entsprechend, auch die Veränderungen, die du durchläufst, zu lieben. Dich nicht nur so anzunehmen und wertzuschätzen, wie du bist, sondern vor allem auch so, wie du sein wirst.

Kapitel 7: Gestern, heute und morgen

Bist du bereit, dich mit deiner Vergangenheit, deiner Gegenwart und deiner Zukunft zu befassen? Zugegeben: Das klingt wenig spaßig. Doch es ist ein essentieller Meilenstein auf deinem Trip zur Selbstliebe. Dieses Kapitel beschäftigt sich mit dir im Gestern, im Heute und im Morgen und wird dir mit Sicherheit das ein oder andere Aha-Erlebnis sowie einige Einsichten und Erkenntnisse zu deiner eigenen Person bescheren. Es lohnt sich also, dich darauf einzulassen und dieses Stückchen Arbeit zugunsten von mehr Klarheit und einem geebneten Weg zur Selbstliebe zu leisten.

Gestern: Ein Blick in die Vergangenheit

Wir alle haben eine Vergangenheit und je älter wir werden, desto mehr davon häuft sich an. Wir haben schöne Erinnerungen, die wir uns gerne ins Gedächtnis rufen und Erinnerungen, die wir eigentlich am liebsten vergessen würden. Für uns ist an dieser Stelle vor allem – aber nicht ausschließlich - letztgenannte Kategorie interessant. Bereite dich darauf vor, in diesem Abschnitt mit deiner Vergangenheit in all ihren Facetten konfrontiert zu werden und mache dich auch darauf gefasst, dass dies ein sehr emotionaler Prozess sein kann. Durchlaufe die folgenden Übungen daher in deinem Tempo und ganz ohne Eile oder gar Druck. Wenn du das Gefühl hast, einfach nicht mehr weitermachen zu können, hörst du auf und setzt die Übung zu einem anderen Zeitpunkt fort. Mute dir nicht mehr zu, als du verkraften kannst und gehe rücksichtsvoll mit deinen Empfindungen um. Sie haben ihre Daseinsberechtigung und müssen gespürt werden.

Einzahlungen und Abbuchungen auf dem Selbstliebe-Konto

Es gibt Gründe dafür, wie gut oder schlecht gefüllt dein Selbstliebe-Konto heute ist. Und diese Gründe sind zum größten Teil in deiner Vergangenheit zu finden. In dieser Übung nehmen wir die Handlungen anderer, die sich auf deine Fähigkeit zur Selbstliebe ausgewirkt haben, ins Visier. Nimm einen Stift und ein Blatt Papier zur Hand und teile das Blatt durch einen senkrechten Strich in zwei Hälften. In die Mitte der einen Hälfte schreibst du „Einzahlungen“, in die Mitte der anderen „Abbuchungen“. Wir beginnen mit der Einzahlungs-Seite. Überlege, wer auf welche Art dazu beigetragen hat, deine Selbstliebe zu fördern, und ordne deine Einfälle stichwortartig rund um das Wort „Einzahlungen“ an. Du gestaltest also quasi eine Mind-Map aus Menschen, Handlungen und Ereignissen, die deiner Selbstliebe zuträglich waren. Einige Beispiele:

- ✓ Die Lehrerin, die dir in der Grundschule gesagt hat, dass deine schlechte Note in Deutsch nicht bedeutet, dass du nicht intelligent bist
- ✓ Die Leichtathletik-Trainerin, die dich angefeuert und dir auch nach Niederlagen den Rücken gestärkt hat
- ✓ Die beste Freundin, die immer zu dir steht
- ✓ Der Partner, der dir gesagt hat, dass er nichts an dir ändern würde
- ✓ Die Mutter, die dir gezeigt hat, was bedingungslose Liebe ist
- ✓ Die Influencerin, die ihre Dehnungsstreifen, die fast wie deine aussehen, gepostet und mit dem Hashtag „#schön“ versehen hat

---

Dann wanderst du direkt zur Abbuchungen-Seite und gehst auf die gleiche Weise vor. Du notierst Situationen, Menschen und Handlungen, die deiner Selbstliebe einen Dämpfer verpasst haben. Auch hier sehen wir uns wieder einige Beispiele an:

- ✓ Der Vater, von dem es nur ein Lob gab, wenn deine Zensuren herausragend waren

- ✓ Der Klassenkamerad, der dich wegen deiner Zahnlücke gehänselt hat

- ✓ Der Kumpel, der nichts mehr mit dir zu tun haben wollte, als du in der Pubertät Pickel bekommen hast

- ✓ Die Partnerin, die dich verließ, weil du nicht genug Geld verdient hast

- ✓ Die Freundin, die ständig beiläufig abfällige Bemerkungen über deinen Kleidungsstil gemacht hat

- ✓ Der Partner, der dich betrogen hat

Nun hast du ein Blatt Papier vor dir, das dir aufzeigt, inwiefern bislang Einfluss auf deine Selbstliebe genommen wurde. Du hast drei Optionen, wie du nun weiter vorgehen kannst:

- Zünde das Papier an.

- Zerreiße das Papier in winzige Fetzen und schmeiße es in den Mülleimer.

- Zerknülle das Papier, trample darauf herum und übergieße es mit Wasser, bis deine Schrift nicht mehr zu lesen ist.

Ja, genau: Du sollst das, was du in der letzten Stunde mühsam aufgeschrieben hast, zerstören. Warum? Ganz einfach: Weil ab heute nur noch **DU** allein Einfluss auf deine Selbstliebe nimmst. Du brauchst weder Menschen, die dir diese einbläuen, noch erlaubst du anderen Personen, deine Selbstliebe zu schmälern. Du erkennst an, dass dein „Selbstliebe-Konto", so wie es heute ist, von anderen Menschen in der Vergangenheit beeinflusst wurde. Doch damit ist jetzt Schluss. **DU** übernimmst die Verantwortung, **DU** nimmst die Sache in die Hand und **DU** bestimmst, wie sich deine Selbstliebe weiterentwickelt. Ein befreiendes, machtvolles Gefühl, nicht wahr?

Die Top 10 der Gestern-Gespenster

Gestern-Gespenster sind Dinge aus der Vergangenheit, die bei dir Scham, Reue oder Bedauern auslösen, wenn du an sie denkst, und die deiner Selbstliebe folglich im Weg stehen. Sei versichert: Jeder Mensch hat Gestern-Gespenster. Die meiste Zeit über spuken sie unauffällig in dir herum, nur um mit voller Präsenz in deine Gedanken vorzudringen, wenn du gerade besonders empfänglich für Selbstkritik und Selbsthass bist. Gestern-Gespenster sind unschöne Erinnerungen, die dein Selbstbild negativ beeinflussen. Zum Beispiel:

- Die Geburtstagsfeier, auf der du der falschen Person gratuliert hast
- Die Führerscheinprüfung, die du dreimal machen musstest
- Der Ex-Partner, den du betrogen und damit schwer verletzt hast
- Die Jobchance, die du wider besseren Wissens verpasst hast
- Der extrem gemeine Satz, den du deiner besten Freundin vor Jahren im Streit an den Kopf geworfen hast
- Das Reh, das du überfahren hast, weil du deine Brille nicht aufgesetzt hast
- Der Großvater, dem du vor seinem Tod zu sagen versäumt hast, wie sehr du ihn liebst

Wir nennen solche Erinnerungen an vergangene Ereignisse Gestern-Gespenster, weil sie lange zurückliegen, aber einen unwahrscheinlichen Einfluss darauf haben, wie du dich heute siehst. Sie geistern nach wie vor herum und beeinflussen dich, obwohl sich nichts mehr an ihnen ändern lässt. Du bist nun dazu eingeladen, deine persönliche Top 10 der Gestern-Gespenster zu erstellen. Sei schmerzhaft ehrlich und schreibe die zehn Dinge auf, die du am meisten bedauerst, die du am intensivsten bereust und für die du dich am schrecklichsten schämst. Schaue der verzerrten Fratze deiner Gestern-Gespenster ins Gesicht – du wirst es nicht bereuen.

Den Gespenstern ihren Schrecken nehmen

Deine Top 10 der Gestern-Gespenster ist die Grundlage für diese Übung. Was passiert ist, ist passiert. Du hast absolut keine Möglichkeit, etwas daran zu ändern. Das einzige, das du verändern kannst, ist dein Umgang damit und deine Sichtweise auf das Geschehene. Du musst den Gespenstern den Schrecken nehmen, um zu verhindern, dass sie dir weiterhin den Weg zu mehr Selbstliebe versperren. Doch wie stellst du das am besten an? Nun, es gibt verschiedene Methoden und Möglichkeiten, an die Sache heranzugehen.

➡ Feststellung der Bedeutung

Zunächst solltest du dir bewusst werden, wofür das jeweilige gespenstige Erlebnis für dich steht, beziehungsweise was es aussagt. Zur Verdeutlichung bedienen wir uns eines bereits genannten Beispiels: Du hast deinen Partner betrogen und dessen Gefühle damit schwer verletzt. Ein Umstand, den du bis heute bereust. Wenn du daran zurückdenkst, steht für dich aber nicht die Tatsache „Betrügen des Partners" im Vordergrund. Viel präsenter und tiefgreifender ist die Schlussfolgerung, die du daraus auf dich als Menschen ziehst. Du hast deinen Partner betrogen, also bist du ein untreuer, gemeiner, rücksichtsloser und schlechter Mensch. Und das ist es letztendlich, was hier von Bedeutung ist. Nicht das Ereignis an sich, sondern das, was es aus dir als Person macht. Zumindest aus deinem Blickwinkel. Nimm dir deine Top 10 der Gestern-Gespenster vor und ermittle deren einzelne Bedeutung nach diesem Schema. So gelangst du zum Kern der Angelegenheit und letztendlich zu dem, was deine Selbstliebe negativ beeinflusst.

➡ Realistisches Hinterfragen

Etwas geschieht und wir erinnern uns zum ersten Mal daran. Dann erinnern wir uns nochmals und wieder und wieder. Und mit jeder

Wiederholung der Erinnerung vergrößert sich das Risiko, dass wir die tatsächlichen Geschehnisse verzerren. Denn wenn wir uns zum zweiten Mal erinnern, greift unser Gehirn nicht mehr auf das erlebte Geschehen als solches, sondern auf die erste Erinnerung zurück. Beim dritten Erinnern wird dann entsprechend die zweite Erinnerung herangezogen und beim vierten Mal die dritte. So rücken wir Stück für Stück weiter weg von dem, was sich wirklich zugetragen hat. Wie wir uns erinnern, hängt also von den vorhergegangenen Erinnerungen ab und wird zusätzlich immer stärker von unserer persönlichen Wertung des Geschehnisses beeinflusst. Beim hundertsten Erinnern hat die Erinnerung demnach möglicherweise ganz andere Züge angenommen, als es bei der ersten Erinnerung der Fall war. Aus diesem Grund ist es wichtig, einen Schritt zurückzugehen und die Situation einmal ganz objektiv und realistisch zu betrachten – zumindest so weit wie wir dazu in der Lage sind. Bleiben wir beim Beispiel des Betrügens. In deiner Erinnerung denkst du mittlerweile vielleicht nur noch daran, was für ein furchtbarer Mensch du warst, deinen liebenswerten und treuen Partner zu hintergehen. Über die Vielzahl an Erinnerungen hinweg hast du nach und nach verdrängt, dass er dir wenig Aufmerksamkeit geschenkt hat, selten Zuhause war und dich kaum dabei unterstützt hat, den Tod deines Vaters zu bewältigen. Du übersiehst die vielen kleinen Nebensächlichkeiten, die zum Betrug geführt haben. Kein Mensch trifft absichtlich eine falsche Entscheidung. Wir handeln, wie wir es in diesem kurzen Moment als richtig empfinden, und bewerten die Handlung erst im Rückblick als falsch. Keine Frage: Ein Betrug ist immer schlimm und nur schwer zu entschuldigen. Du tust dir aber Unrecht, wenn du die Dinge, die dich dazu gebracht haben, komplett außen vor lässt. Du bewertest subjektiv, was zwar ganz normal, aber nicht unbedingt fair ist. Nimm dir also Zeit, um auf den Spuren deiner Gestern-Gespenster zu wandeln und dich auch an das zu erinnern, was du bislang unbewusst oder bewusst ausgelassen hast. Nur so kannst du realistisch betrachten, was geschehen ist und welche Rolle du dabei eingenommen hast.

➡ Perspektivwechsel

Für dich ist dein Gestern-Gespenst unverzeihlich. Aber wäre es das auch, wenn es deiner besten Freundin oder deiner Mutter passiert wäre? Könntest du auch ihnen nicht verzeihen? Wir Menschen gehen häufig viel härter mit uns selbst ins Gericht, als wir es mit anderen tun würden. Deshalb kann dir ein Perspektivwechsel dabei helfen, deinen Gespenstern den Schrecken zu nehmen. Stelle dir vor, die jeweilige Situation wäre nicht dir, sondern einem Menschen, der dir sehr nahe steht, passiert. Was würdest du über ihn denken? Inwiefern würde das Geschehnis deine Liebe zu diesem Menschen schmälern? Wie lange bräuchtest du wohl, um ihm verzeihen und über die Sache hinwegsehen zu können? Spoiler-Alert: Das Gestern-Gespenst wird aus dieser Perspektive zum Gespenstchen, dem du nur noch das Laken mit den Löchern für die Augen vom Kopf ziehen musst – und schon kannst du das Geschehene in einem ganz anderen Licht sehen.

➡ Gespenster-Umarmung

Für diese Übung benötigst du ein großes Kuscheltier oder ein Kissen. Denke dich in die Situation hinein, die das Gestern-Gespenst erschaffen hat. Alles, was du dabei fühlst, ist in Ordnung. Lasse es zu. Projiziere deine Gedanken und Gefühle auf das Plüschtier oder das Kissen. Mit jedem Einatmen bereitest du dich vor, mit jedem Ausatmen sendest du die Energie, die Gefühle, Erinnerungen und Gedanken hinein in den weichen Gegenstand. Und dann? Dann nimmst du ihn in den Arm, drückst ihn an dich, streichst über seine Oberfläche und bemühst dich, so viel Liebe für das Gestern-Gespenst aufzubringen, wie du nur kannst.

➡ Endgültiges Loslassen

Das Problem des menschlichen Gehirns ist das Vergessen. Wir vergessen willkürlich und nicht bewusst. Denn Dinge, die uns bewusst sind, können wir unmöglich vergessen. Deshalb darfst du nicht darauf hoffen, dass du dich eines Tages einfach nicht mehr an deine Gestern-Gespenster erinnern wirst, denn das wird höchstwahrscheinlich nicht passieren. Aus diesem Grund geht es hier nicht um das Vergessen, sondern um das Loslassen. Es geht darum, deinen Groll, deine Scham, deine Reue und dein Bedauern loszulassen. Die Erinnerung wird bestehen, sie wird deine Selbstliebe dann aber nicht mehr behindern. Hier können dir Autosuggestionen von Nutzen sein. Sage dir mehrmals pro Tag – am besten ganz routiniert, zum Beispiel immer nach dem Aufstehen, vor dem Mittagessen und vor dem Zubettgehen -, dass du losgelassen hast. Du kannst zum Beispiel diese Sätze verwenden:

- X beeinflusst mich nicht mehr.
- Ich lasse X los.
- Ich bereue/bedauere X nicht mehr.
- Ich habe X genug bereut/bedauert.
- Ich blicke nach vorn.
- Ich nehme meine Vergangenheit an.
- Ich bin frei von X.

Autosuggestionen sind Selbsteinredungen, deren Macht nicht unterschätzt werden sollte. Als symbolischen Akt kannst du das jeweilige Gestern-Gespenst und die Gefühle, die es bei dir auslöst, zusätzlich auf ein Blatt Papier schreiben und dieses verbrennen oder zerfetzen. Wichtig ist, dass du das Gefühl der Leichtigkeit und der Befreiung, das zu dir finden wird, nicht abwehrst, sondern ganz ohne Gewissensbisse annimmst. Du hast es dir verdient.

Heute: Das Mosaik deines Ichs

Man kann sich selbst lieben, ohne sich bis in den letzten Winkel zu kennen. Schließlich lieben wir auch andere Personen, über die wir längst nicht alles wissen. Dennoch ist es der Selbstliebe zuträglich, wenn du dir die Zeit nimmst, dich selbst kennenzulernen. So wie du jetzt gerade in diesem Moment bist. Dadurch wirst du für dich selbst vertrauter und berechenbarer, was dein Selbstbewusstsein und dein Selbstvertrauen stärkt. Dabei ist und bleibt immer Raum für die unausweichlichen Veränderungen, die du durchlaufen wirst. Du kannst dir dich selbst wie ein Mosaik vorstellen. Manchmal werden Steine ausgetauscht, manchmal nur herausgenommen und manchmal angefügt. Doch je besser du das Gesamtbild und seine einzelnen Elemente kennst, desto näher bist du dir selbst. In diesem Abschnitt bist du dazu eingeladen, auf Entdeckertour zu gehen und dich selbst zu erkunden. Das ist eine überaus spannende Angelegenheit, die zuweilen furchteinflößend sein kann, sich im Endeffekt aber immer wieder auszahlt. Auf dieser Reise gehen wir durch verschiedene Stationen, wobei deine aktive Mitarbeit gefragt ist. Bereit? Dann kann es losgehen!

Station 1

Die Sache mit den Schubladen

Wer bin ich? Diese Frage ist alles andere als leicht zu beantworten. Du bist eine Frau, ein Mann, beides oder keines von beidem. Du bist extrovertiert oder introvertiert – oder mal das eine und mal das andere, je nach Situation. Du bist links, liberal oder konservativ. Du bist Vegetarier, Fleischesser, Veganer oder Frutarier. Du bist hetero, schwul, lesbisch, bisexuell oder asexuell. Das alles sind Labels, die wir Menschen nutzen, um uns selbst und andere zu definieren. Es sind Schubladen. In manche davon springen wir selbst hinein, in andere werden wir von Außenstehenden geschoben. Manchmal empfinden wir diese Etiketten als störend und falsch, manchmal bestätigen sie uns und sorgen dafür, dass wir uns unserer selbst etwas sicherer fühlen können. Ungeachtet dessen, wie du grundsätzlich dazu stehst, Menschen mithilfe solcher Schubladen zu kategorisieren, ist es sehr wahrscheinlich, dass du dir selbst und anderen bewusst oder unbewusst laufend Etiketten anheftest. So ist der Mensch nun einmal gestrickt: Er weiß gerne, woran er ist. Wenn du sehr aufmerksam gelesen hast, ist dir vielleicht aufgefallen, dass die genannten Labels erst einmal beschreiben, was ein Mensch ist – nicht wer er ist. Was bist du? Eine Frau. Was bist du? Veganer. Was bist du? Bisexuell. Dahinter stecken aber jeweils auch Indikatoren dafür, wer beziehungsweise wie du tatsächlich bist. Viele davon sind anerzogen. Wenn du eine Frau bist, wurdest du höchstwahrscheinlich von der Gesellschaft geprägt, zurückhaltender zu agieren, als es der Fall gewesen wäre, wenn du als Mann durch diese Welt gingest. Ob du dich von solchen Prägungen befreien konntest oder dich möglicherweise sogar wohl damit fühlst, ist nochmals eine ganz andere Frage, und sagt wiederum etwas über dich aus. Andere Labels lassen viel direkter auf bestimmte Eigenschaften schließen. Wenn du beispielsweise Veganer bist, liegt es nahe, dass du eine sehr tierliebe Person bist oder dass dir der Umweltschutz und das Klima stark am Herzen liegen. Jeder Mensch besteht aus so vielen Facetten – so vielen Mosaiksteinchen - dass keine hundert Schubladen ihn in seiner Ganzheit erfassen könnten. Das ist ein Punkt, den wir Menschen leicht vergessen. Wir wissen, dass jemand Vegetarier, linkspolitisch oder schwul ist, und gehen davon aus, dass er sich immer und zu jeder Zeit gesund ernährt, wöchentlich auf Demos geht und ein Faible für Mode hat. Dabei gibt es viele Vegetarier, die sich ungesund ernähren, viele Linkspolitische, die nicht demonstrieren, und viele Schwule, die sich kein bisschen für Mode interessieren. Wir tendieren dazu, es uns leicht zu machen, indem wir Klischees für bare Münze nehmen. In vielen Fällen tun wir unseren Mitmenschen damit unrecht und genauso tun wir uns selbst unrecht, wenn wir zwanghaft versuchen, solchen starr konstruierten Schubladengeflechten gerecht zu werden. Du kannst sein, wer, wie und was du möchtest. Im Extremfall bist du ein veganer Metzger, der links wählt und eine Waffensammlung besitzt. Alles ist möglich. Vorteilhaft ist es dabei, wenn du dir deiner Eigenschaften, Vorlieben, Werte und Vorstellungen bewusst bist. Das folgende Formular kann dich dazu anleiten, auf deinen eigenen Spuren zu wandeln. Stelle dir vor, du würdest ein Freundschaftsbuch, wie du als Kind vielleicht eines hattest, ausfüllen und sei dabei absolut aufrichtig. Sei dir bewusst, dass dein Aufschrieb nur für deine Augen bestimmt ist. Du musst ihn niemandem zeigen, wenn du nicht willst, und kannst daher zu 100 % offen und ehrlich sein.

Name ______________________________

Alter ______________________________

Beruf ______________________________

Hobbys ______________________________

Lieblingstier ______________________________

Lieblingsband ______________________________

Lieblingsfilm ______________________________

Lieblingsfarbe ______________________________

Sexuelle Orientierung ______________________________

Politische Einstellung ______________________________

Schönstes Erlebnis ______________________________

Lieblingsmensch ______________________________

Größter Traum ______________________________

Größte Angst ______________________________

Überlege dir anschließend, was deine jeweiligen Antworten über dich aussagen. Du kannst im ersten Schritt einen Perspektivwechsel vornehmen. Tue so, als würdest du den Eintrag einer fremden Person lesen, und beobachte, was du aufgrund der Antworten über diese Person denkst. Mache dir dann klar, dass deine Beobachtungen nicht auf dich zutreffen müssen, und korrigiere sie an den Stellen, an denen sie nicht mit der Wahrheit, wie du sie empfindest, übereinstimmen. Wenn du möchtest, kannst du dir das Formular in einem Jahr wieder vornehmen, um zu checken, an welchen Punkten deine Antworten abweichen. So kannst du Veränderungen auf sehr einfache Weise tracken. Speichere dir am besten eine Erinnerung in dein Smartphone ein, die dich heute in einem Jahr darauf hinweist, zu dieser Seite dieses Buches zurückzukommen.

Zum Abschluss der ersten Station bist du dazu aufgefordert, ein kleines Brainstorming durchzuführen. Nimm einen Stift und ein Blatt Papier zur Hand. In die Mitte des Blattes schreibst du „Ich". Nun stellst du einen Timer auf zehn Minuten und nutzt diese Zeit, um alles aufzuschreiben, was dir spontan zu dir selbst einfällt. Nutze wirklich die vollen zehn Minuten und versuche, dich in dieser Zeit nur auf dich und die Aufgabe zu konzentrieren. Wenn die Zeit abgelaufen ist, liest du, was du aufgeschrieben hast, und lässt dies ein paar Augenblicke auf dich wirken.

Station 2

Spotlight für die Stärken

Herzlich Willkommen zu Station 2! Hier dreht sich alles um deine Stärken. Spoiler-Alarm: Falsche Bescheidenheit ist fehl am Platz. Es gilt, ohne Scham oder Zurückhaltung darauf einzugehen, was du wirklich gut kannst. Dabei solltest du nicht vergessen, dass auch Ungewöhnliches und Kleinigkeiten Stärken sein können. Du kannst gut mit Hunden umgehen? Stärke. Du singst fabelhaft unter der Dusche oder schaffst es immer, passende Socken zu deiner Krawatte anzuziehen? Stärke. Du kannst dir den Namen von Personen, die du gerade erst kennengelernt hast, fast immer aufs Erste merken? Auch das ist eine Stärke. Stärken sind extrem vielfältig und umfassen jeden nur denkbaren Bereich. Also strenge deine grauen Zellen an und mache dich darauf gefasst, dich selbst in gleißend hellem Licht darzustellen. Deine Aufgabe ist es, eine Liste deiner Stärken zu erstellen, die mindestens zwanzig Punkte umfasst. Zu Inspirationszwecken findest du nachfolgend einige mögliche Bereiche für Stärken aufgelistet:

- ✓ Authentizität

- ✓ Autofahren
- ✓ Basteln
- ✓ Bauen
- ✓ Cello spielen
- ✓ Chemie
- ✓ Darts
- ✓ Diplomatie
- ✓ Englisch
- ✓ Entscheidungen treffen
- ✓ Flirten
- ✓ Fußball
- ✓ Geometrie
- ✓ Grimassen schneiden
- ✓ Hilfsbereitschaft
- ✓ Humor
- ✓ Intelligenz
- ✓ Jodeln
- ✓ Jonglieren
- ✓ Kommunikation
- ✓ Kreativität
- ✓ Lesen

✓ Liebe ausdrücken

✓ Mimik deuten

✓ Mode

✓ Nettigkeit

✓ Optimismus

✓ Praktische Veranlagung

✓ Problemlösung

✓ Rechnen

✓ Rhetorik

✓ Singen

✓ Schwimmen

✓ Tierliebe

✓ Vogelgeräusche nachahmen

✓ Wortgewandtheit

✓ Zumba

Und hier ist Platz für die Top 20 (oder mehr) deiner Stärken:

____

____

____

____

____

____

Station 3

Schwächen im Fokus

Wo so viele wunderbare Stärken sind, gibt es natürlich auch das ein oder andere, das nicht gerade zu den persönlichen Talenten gehört. Nur wenn du deine Schwächen als solche anerkennst, kannst du lernen, dich trotz oder teilweise sogar gerade wegen dieser zu lieben. Bitte nimm dir einige Minuten Zeit, um deine Schwächen (mindestens zehn) zu notieren:

____

____

____

____

____

Mache dir nun bewusst, dass es nicht nur in Ordnung, sondern absolut normal ist, Schwächen zu haben. Du musst dich nicht dafür schämen, schließlich gibt es keinen einzigen Menschen ohne Schwächen auf dieser Welt. Und: Schwächen machen dich keineswegs weniger liebenswert. Um dies zu verdeutlichen, kannst du ein Experiment wagen: Frage eine Person, die du liebst, nach ihren Schwächen. Sie wird dir sicherlich einige nennen können. Liebst du sie deswegen weniger? Nein? Eben.

Station 4

Ein Bild meiner selbst

Mit Station 4 wird es etwas kreativer. Nimm ein Blatt und Buntstifte zur Hand. Du kannst auch Wachsmalstifte, Kreiden oder Wasserfarben verwenden. Nutze die Materialien, mit denen du am liebsten malst. Deine Aufgabe ist es nun, dich selbst zu zeichnen. Dabei geht es nicht um dein äußeres Erscheinungsbild, sondern um dich als großes Ganzes. Ob du wie ein Mensch aussiehst, wie dein Spiegelbild, wie ein bunter Ball oder wie ein höchst abstraktes Wesen, bleibt dir überlassen. Male dich so, wie du denkst, dass das spätere Gemälde deine

Eigenschaften im Heute am besten widerspiegelt. Der Fantasie sind dabei keine Grenzen gesetzt, du solltest jedoch die vorhergegangenen drei Stationen zur Inspirationsgewinnung nutzen.

Station 5

Collage des Ichs

Die Aufgabe, die dich an dieser Stelle erwartet, baut auf Station 4 auf. Schneide dein Selbstportrait aus und klebe es in die Mitte eines größeren Blatt Papiers. Versuche dann, Bilder in Katalogen oder im Internet zu finden, die für deine Eigenschaften, deine Stärken und deine Schwächen stehen, und klebe diese Bilder ebenfalls auf das Blatt rund um dein Selbstportrait herum. Falls du ein Gedicht oder ein Zitat findest, das dazu passt, kannst du auch dieses gerne verwenden. Das Ziel ist eine Collage, die dich möglichst umfassend in all deinen Facetten abbildet.

Station 6

Innige Umarmung

Du hast eine Collage vor dir liegen, die dich widerspiegelt. Nimm dir kurz Zeit, um jedes einzelne Element der Collage zu betrachten und dir bewusst zu machen, wofür es steht. Besinne dich auf das, was du bist, breite deine Arme aus, atme tief ein und schließe deine Arme dann um dich selbst, sodass du in einer innigen Umarmung endest. Spüre dich, spüre alles, was du über dich weißt und auch die Lücken, die womöglich noch bestehen, schließe die Augen und genieße den Moment.

Morgen: Wohin geht die Reise?

Die Zukunft ist unbestimmt, das wissen wir alle. Manchmal spielt das Leben nach seinen eigenen Regeln und es passieren immer wieder Dinge, auf die wir keinen Einfluss haben. Doch es gibt einen Anteil an der Zukunft, der in deiner Kontrolle liegt. Du kannst die Weichen stellen und den Zug deines Lebens in eine Richtung lenken, wie du sie dir wünschst. Ob der Zug letztendlich am Zielbahnhof ankommt, mag nicht allein in deiner Hand liegen. Doch du solltest den begrenzten Einfluss, den du hast, unbedingt nutzen. Deshalb lohnt es sich, dich mit deiner Zukunft auseinanderzusetzen und herauszufinden, was du wirklich willst. Je größer deine Selbstliebe wird, desto mehr wirst du bereit sein, zu tun, was nötig ist, um deine Zukunftsziele um deiner selbst Willen zu erreichen. Herauszufinden, was man wirklich will, ist aber leichter gesagt als getan. Die folgenden Aufgabenstellungen sollen dir genau dabei helfen und dich dazu befähigen, in eine Zukunft zu blicken, so wie du sie dir wünschst.

Der Zug ins Morgen

Du bist der Lokführer deines Zugs, der ins Morgen führt. Wo soll die Reise hingehen? Welche Zwischenstopps sind dir wichtig und wo möchtest du absolut nicht landen? Traue dich, einen Blick in die Zukunft zu werfen, und einmal wild drauflos zu träumen.

In drei Monaten möchte ich

____

In einem Jahr sehe ich mich

____

In zwei Jahren habe ich

____

In fünf Jahren bin ich

____

Realitätscheck

Du hast notiert, was du in drei Monaten, einem Jahr, zwei Jahren und fünf Jahren erreicht haben möchtest. Nun gilt es, diese Ziele einem Realitätscheck zu unterziehen. Hierfür verwenden wir die SMART-Methode. Betrachte jedes deiner Ziele für die Zukunft einzeln und stelle dir folgende Fragen:

- ✓ Ist das Ziel **s**pezifisch?
- ✓ Ist es **m**essbar?
- ✓ Ist es **a**ttraktiv?
- ✓ Ist es **r**ealistisch?
- ✓ Ist es **t**erminiert?

Zwei dieser Fragen kannst du auf jeden Fall mit „Ja“ beantworten. Dein Ziel ist attraktiv für dich, ansonsten hättest du es wohl kaum notiert. Und dein Ziel ist terminiert, denn du möchtest es entweder in drei Monaten, einem Jahr, zwei Jahren oder fünf Jahren erreicht haben. Es gibt also nur noch drei Fragen, denen wir uns genauer widmen müssen:

Ist das Ziel spezifisch?

Ist dein Ziel klar formuliert? Hast du es so formuliert, dass du genau weißt, was es bedeuten soll und dass du bestenfalls auch schon eine Ahnung hast, wie genau du es erreichen kannst?

Ist das Ziel messbar?

Überlege dir, wie du Fortschritte dokumentieren und woran du erkennen kannst, dass du am Ziel angelangt bist.

Ist das Ziel realistisch?

Ist es dir möglich, das Ziel mit deinen Fähigkeiten und Kapazitäten sowie den Lebensumständen, in denen du dich befindest, im angepeilten Zeitraum zu erreichen?

Solltest du eine dieser Fragen mit „Nein" beantworten müssen, musst du dein Ziel modifizieren. Nur wenn die Antwort auf alle Fragen „Ja" lautet, hast du die besten Chancen, dein Ziel zu erreichen.

Ziele visualisieren

Ein großer Schritt in Richtung mehr Selbstliebe ist es, deine Ziele, also das, was dir wichtig ist, konsequent zu verfolgen. Denn damit tust du dir letztendlich etwas Gutes. Du handelst in deinem Sinne und strengst dich an, dir deine eigenen Träume zu erfüllen. Aus Kapitel 6 kennst du bereits die Technik der Visualisierung. Genau wie dort beschrieben, kannst du sie auf jedes einzelne deiner Ziele für die Zukunft anwenden. Hänge an deine abendliche Visualisierung der Selbstliebe einfach die Visualisierung deiner realistischen Träume für die Zukunft an. So verdoppelst du den Effekt der Selbstliebe-Visualisierung ganz automatisch. Schließlich ist das Verfolgen deiner Träume ein wahrer Akt der Selbstliebe.

Das Unvorhersehbare erwarten

Was passiert, wenn dein eingeplantes Zeitlimit vergangen ist und du dein Ziel noch immer nicht erreicht hast? Dann ist vermutlich etwas Unvorhersehbares geschehen. Vielleicht ist das Unvorhersehbare sogar, dass du auf halbem Weg festgestellt hast, dass dein angepeiltes Ziel gar nicht mehr deinen Wunschvorstellungen entspricht. Oder die Umstände haben dich dazu verleitet, vom Weg abzukommen und dein Ziel weniger konsequent zu verfolgen. Beides ist in Ordnung. Das

Leben lässt sich, auch wenn wir das nur ungern akzeptieren, nicht vorhersehen. Ein Rückblick kann dir dies verdeutlichen: Erinnere dich daran, wie dein Leben vor fünf Jahren aussah. Hättest du damals vorhersagen können, wo du heute stehst? Wahrscheinlich nicht. Deshalb solltest du das Unvorhersehbare, also das, was anders läuft, als man denkt, einkalkulieren. Du solltest deine Ziele mit Herzblut verfolgen, aber du solltest dir schon heute die Möglichkeit bewusst machen, dass es vielleicht nicht zum Erreichen der Ziele kommt. Das Streben nach Sicherheit, das uns Menschen inne ist, führt dazu, dass wir das Unvorhersehbare als Bedrohung einstufen. Wir haben einen Plan und sehen es nicht gern, wenn wir von diesem abweichen und uns auf unbekanntes Terrain begeben müssen, das ursprünglich niemals zu unserem Weg gehören sollte. Vermeiden können wir es aber nicht. Deshalb ist es besser, auf das Unvorhersehbare gefasst zu sein und es zu erwarten, als in ständiger Angst vor ihm zu leben. Unvorhersehbar bedeutet schließlich nur, dass du etwas nicht kommen siehst, und nicht, dass dies zwangsläufig schlecht für dich sein muss.

Kapitel 8: Innerer Kritiker und inneres Kind

Mit diesem Kapitel tauchen wir ein in die Psychologie, die oftmals, zum Beispiel im Rahmen von Verhaltenstherapien, mit einem Modell arbeitet, das das innere Kind und den inneren Kritiker umfasst. Die Voraussetzung dafür, dass du aus diesem Kapitel etwas lernen kannst, ist eine Portion Offenheit. Insbesondere wenn du bislang wenig oder gar nichts mit der Analyse deines Inneren zu tun hattest, können dir manche Techniken und Schritte skurril vorkommen. Lasse dich davon nicht beirren, sondern sei offen für die Erfahrung und spüre selbst, was sie in dir bewirkt.

Kontaktaufnahme zum inneren Kind

Das innere Kind wird gemeinhin mit den tiefen Emotionen und Bedürfnissen verknüpft, die du empfindest. Es ist geprägt von deiner Kindheit und den Erfahrungen, die du damals gemacht hast, und steht für deine ursprünglichste Gefühlswelt. Um Kontakt zu deinem inneren Kind aufzunehmen, musst du zunächst einmal als gegeben annehmen, dass es existiert. Du hast ein inneres Kind, daran gibt es keinen Zweifel. Es macht sich zum Beispiel bemerkbar, wenn du inmitten eines Treffens mit Freunden plötzlich still wirst und dich zurückziehst oder wenn du abends im Bett liegst und dich irgendwie furchtbar allein fühlst. Es kann dich warnen, dich zur Aufmerksamkeit bewegen und dir zeigen, was du in einem Moment besonders brauchst. Das funktioniert aber nur, wenn du es zu Wort kommen, also in dein Bewusstsein vordringen lässt. Als Erwachsene tendieren wir leider häufig dazu, unser inneres Kind zu ignorieren. Wir entscheiden über seinen Kopf hinweg, nehmen seine Bedürfnisse nicht zur Kenntnis und schaden uns damit letztendlich selbst. Mit deinem inneren Kind in Kontakt zu treten, ist eigentlich ziemlich einfach. Setze oder lege dich bequem hin und schließe die Augen. Lege eine Hand auf deine Brust und spüre genau, wie sich diese mit dem Einatmen hebt und mit dem Ausatmen senkt. Spüre dann tief in dich hinein und versuche zu erfassen, was du gerade wirklich brauchst. Wonach sehnst du dich in deinem Inneren? Die Stimme, die dir antwortet, ist dein inneres Kind. Die nachfolgenden Übungen werden dir im Gesamten dabei helfen, einen besseren Draht zu ihm aufzubauen, und es dir künftig erleichtern, es wahrzunehmen und mit ihm in Kontakt zu treten. Außerdem steigen wir mit ihnen direkt in die „Arbeit" mit dem inneren Kind ein, die deine Selbstliebe auf eine Probe stellen, aber eben auch ungemein fördern kann.

Die Gefühlswelt des inneren Kindes

Das innere Kind hat für gewöhnlich Gefühle, die der Erwachsene im Sinne der Rationalität und Produktivität wunderbar zu unterdrücken weiß. Deshalb sind diese Gefühle aber nicht weg oder weniger wichtig. Das Unterdrücken der Gefühlswelt des inneren Kindes wirkt sich genauso auf dich aus, wie es dich und dein Leben beeinflussen würde, wenn du diese Gefühle zu jeder Zeit zulassen und spüren würdest. Selbstverständlich ist es im Alltag nicht immer möglich, Rücksicht auf die eigenen Gefühle zu nehmen und ganz im inneren Kind zu sein. Deshalb gibt es den gesunden Erwachsenen, ein weiterer Teil deiner selbst, dessen Aufgabe es mitunter ist, das innere Kind zu kontrollieren, aber auch, sich um es zu kümmern. Gerade dieser zweite Aufgabenbereich kommt jedoch oft zu kurz. Dann muss der gesunde Erwachsene zuerst lernen, wie er sich um dieses Kind kümmern kann. Oftmals gibt es gute Gründe, aus denen er das innere Kind gezielt unterdrückt und aus seiner Wahrnehmung verbannt. Er fühlt sich nicht stark genug, um die Emotionen des Kindes zu handhaben, hat Angst, zu versagen, oder ist ganz einfach überfordert. Um uns einmal vorzutasten und näher an das innere Kind heranzuwagen, befassen wir uns damit, wie dessen Gefühlswelt überhaupt aussieht. Denn wenn sich der gesunde Erwachsene bislang kaum mit dem inneren Kind auseinandergesetzt hat, fehlt ihm womöglich auch die Kompetenz, die Gefühle des Kindes richtig wahrzunehmen und zu deuten. Diese vier Grundgefühle werden vom inneren Kind normalerweise besonders häufig und intensiv gespürt:

- Freude
- Trauer
- Wut
- Angst

Erinnerst du dich noch daran, wie du als Kind unbeschwert gespielt hast und dabei einfach nur glücklich und zufrieden warst? Wann hast du dich zuletzt so gefühlt? Grundsätzlich ist es Erwachsenen durchaus möglich, eine solch leichte, kindliche Freude zu empfinden. Wir müssen es uns jedoch erlauben. Dasselbe gilt für die Trauer, die Wut und die Angst. Kinder trauern ungehemmt, lassen ihrer Wut freien Lauf und empfinden gegebenenfalls lähmende Angst. Auch wir Erwachsene kennen diese Gefühle, wir beschneiden sie jedoch und lassen oftmals nur „die Spitze des Eisbergs“ zum Vorschein kommen. So verkümmert das innere Kind, denn seine Gefühle sind allesamt valide und real, doch es wird damit allein gelassen. Wenn du bereit dazu bist, ist es nun also an der Zeit, einen Schritt auf dein inneres Kind zuzugehen und ihm zu signalisieren, dass du jetzt in der Lage und gewillt dazu bist, ihm als gesunder Erwachsener Gehör zu schenken. Stelle zwei Stühle so auf, dass sie sich gegenüberstehen. Setze dich auf einen der Stühle und komme in deiner Position als gesunder Erwachsener an. Horche tief in dich hinein, sei ganz bei dir und lade dein inneres Kind dazu ein, sich mitzuteilen. Sage oder denke wirklich: „Ich bin da und ich möchte hören, was du mir mitzuteilen hast.“ Setze dich dann auf den anderen Stuhl und schlüpfe damit in die Rolle des inneren Kindes. Nimm dir nochmal einige Augenblick Zeit, um in der neuen Perspektive anzukommen, und sprich frei heraus, welche Gefühle und Gedanken in diesem Moment in dir aufkommen. Es ist gut möglich, dass du dir bei deinem ersten Versuch ziemlich lächerlich vorkommst. Doch das einzige, das dein inneres Kind noch am Sprechen hindert, sind deine Hemmungen. Gib nicht auf, lasse dich nicht beirren und gib deinem Kind auf diese sehr anschauliche Weise immer wieder die Möglichkeit, sich zu äußern.

Umgang mit dem inneren Kind

Dein inneres Kind hat gesprochen? Wunderbar! Dann gilt es nun, richtig darauf zu reagieren und dich im liebevollen Umgang mit deinem inneren Kind zu üben. Setze dich dafür wieder auf den Erwachsenen-Stuhl. Als gesunder Erwachsener bist du dafür verantwortlich, auf dein inneres Kind einzugehen und angemessen mit ihm umzugehen. Doch wie kann das aussehen? Einige Beispiele:

In der Rolle des inneren Kindes spürst du eine starke Angst. Du kannst nicht klar formulieren, woher diese Angst kommt oder was sie auslöst, doch sie ist sehr präsent. Du würdest dir am liebsten eine Decke über den Kopf ziehen und dich vor der ganzen Welt verstecken.

Als gesunder Erwachsener musst du deinem inneren Kind ein Gefühl der Sicherheit und Geborgenheit vermitteln. Sage ihm, dass alles in Ordnung ist, vermeide es aber, seine Angst herunterzuspielen oder als unberechtigt abzutun. Frage nach Vermutungen zum Auslöser der Angst und wechsle wieder die Perspektive, um möglicherweise eine Antwort zu bekommen. Gib deinem inneren Kind zu einem Zeitpunkt, in dem es dir möglich ist, die Gelegenheit, seinen Bedürfnissen nachzukommen. Verkrieche dich unter der Decke und versichere dir selbst, dass es ok ist, Angst zu haben, und dass du alles dafür tun wirst, um dich selbst zu beschützen und für dich da zu sein.

Dein inneres Kind ist traurig. Auf dem Kinder-Stuhl kommen dir die Tränen und du spürst eine so tiefe Trauer, dass dir das Atmen schwerfällt. Du fühlst dich einsam und verspürst den Wunsch, getröstet und fest umarmt zu werden. Am liebsten von deiner Mutter.

Das Trösten ist eine wichtige Aufgabe des gesunden Erwachsenen, in die er Schritt für Schritt hineinwachsen muss. Nimm die Trauer an, lasse sie zu und leide mit deinem inneren Kind. Nimm es an die Hand und sage ihm, dass es nicht allein ist. Wenn du dich schon bereit dafür fühlst, kannst du ihm versprechen, dass du dir von jetzt an Mühe geben wirst, um dich bestmöglich um es zu kümmern. Wenn du deine Mutter das nächste Mal siehst, solltest du sie fest umarmen. Für den Moment kann aber auch schon ein Telefonat mit ihr deinem inneren Kind dabei helfen, sich weniger traurig und allein zu fühlen.

Auf dem Kinder-Stuhl angekommen, würdest du am liebsten kräftig mit dem Fuß aufstampfen und laut schreien. Du bist rasend vor Wut. Was bildet sich dieser Erwachsene ein, dich jahrelang allein zu lassen und jetzt plötzlich einfach so aufzutauchen?

Bleibe zunächst beim inneren Kind und mache deiner Wut Luft. Stampfe, schreie, trample herum oder boxe in ein Kissen. Brülle den Erwachsenen an, teile ihm mit, wie enttäuscht und verletzt du bist und werfe ihm alles an den Kopf, was in dir hochkommt. Begib dich dann auf den Erwachsenen-Stuhl und entschuldige dich. Aufrichtig, ehrlich und aus tiefstem Herzen. Versichere deinem inneren Kind, dass du seine Wut verstehst und auch, dass es alle Zeit der Welt bekommt, um dir zu verzeihen.

Natürlich empfindet das innere Kind nicht nur Freude, Trauer, Wut oder Angst. Manchmal sind es alle vier dieser Gefühle, manchmal ist es eine Abwandlung davon – zum Beispiel Unsicherheit statt Angst oder Niedergeschlagenheit statt Trauer – und manchmal herrscht ein regelrechtes Gefühlschaos. Je mehr du zu deinem inneren Kind findest, desto eher wirst du auch eine chaotische Gefühlslage entwirren und deuten können. Für den Augenblick genügt es aber, immer wieder einen Versuch zu machen und dich zu bemühen, ein Gespräch mit deinem inneren Kind zustande zu bekommen.

Tagebuch des inneren Kindes

Gewöhne dir an, deinem inneren Kind täglich zur selben Zeit eine Viertelstunde lang deine ungeteilte Aufmerksamkeit zu schenken, in dem du es ein Tagebuch führen lässt. Besorge ein Notizbuch, schlüpfe in die Rolle des inneren Kindes und schreibe einfach drauflos. Auf diese Weise stellst du sicher, dass dein inneres Kind sich ausdrücken kann und lernst seine Bedürfnisse und Gefühle Tag für Tag ein bisschen besser kennen. Du schaffst es noch nicht ganz wirklich die Perspektive des inneren Kindes einzunehmen und weißt deshalb nicht, was du schreiben sollst? Dann bliebe trotzdem fünfzehn Minuten lang mit dem Stift in der Hand und dem Papier vor dir sitzen. Eines Tages kommt das Schreiben von ganz allein.

Kindliche Glaubenssätze

Tief verankerte Annahmen, die du aufgrund deiner Erfahrungen als Realität und unumstößliche Wahrheit ansiehst, nennt man Glaubenssätze. Diese sind zumeist im inneren Kind verankert, auch wenn sie dem inneren Kritiker oft in die Karten spielen. Weit verbreitete Glaubenssätze sind beispielsweise:

- Ich bin nicht gut genug.
- Ich kann nichts richtig machen.
- Ich bin ein schlechter Mensch.
- Ich bin nicht liebenswert.
- Ich reagiere immer über.
- Meine Gefühle sind falsch.
- Mit mir stimmt etwas nicht.
- Niemand will mich.
- Ich bin anstrengend.

Die „Arbeit“ mit dem inneren Kind eröffnet Wege, solche Glaubenssätze Schritt für Schritt zu korrigieren und zu enttarnen, dass sie nicht zwangsweise der Realität entsprechen, sondern nur im eigenen System der Welt existieren und somit keine universelle Wahrheit darstellen. An dieser Stelle eine Anleitung zur Korrektur dieser Glaubenssätze zu liefern, wäre grob fahrlässig. Solch tiefgreifende Veränderungen in der Psyche sollten nur in Begleitung eines kompetenten Psychologen oder anderweitig zu diesem Zweck ausgebildeten Experten – zum Beispiel Life Coaches mit Zertifikat oder NLP Coaches - angestrebt werden. Wenn du deinem inneren Kind jedoch zuhörst, kannst du auf Dauer womöglich die Existenz einiger Glaubenssätze beobachten. Solltest du dich entschließen, daran zu arbeiten, um dein inneres Kind zu heilen, solltest du die Sache mit einem Profi in Angriff nehmen. Dabei solltest du dir im Klaren darüber sein, dass dies ein langwieriger Prozess ist, der mitunter extrem anstrengend und zuweilen auch schmerzhaft sein kann. Das bedeutet aber nicht, dass es sich nicht lohnen kann, die nötige Arbeit zu investieren.

Erkennen des inneren Kritikers

Der innere Kritiker ist quasi der Gegenspieler des inneren Kindes und auch ein Kontrahent des gesunden Erwachsenen. Ihm ist mehr oder weniger egal, was du brauchst. Er sieht immer nur das Schlechte in dir, scheut sich nicht deine Makel und Fehler hervorzuheben und ist unerbittlich in seiner Rolle als entwertendes Biest. Aus diesem Grund wird er manchmal auch innerer Entwerter genannt. Du kannst es ihm nicht recht machen, egal was du tust. In diesem Abschnitt geht es nun darum, den inneren Kritiker zu erkennen. Sei achtsam, höre auf deine innere Stimme und nehme wahr, wenn diese sich äußerst gemein, wenig wohlwollend oder schlichtweg unverschämt zeigt. Immer dann kannst du dir sicher sein, dass der innere Kritiker am Werk ist. Die folgende Tabelle soll dich eine Woche lang dabei unterstützen, deinem Entwerter auf die Schliche zu kommen und ihn sowie seine Vorgehensweise kennenzulernen. In der ersten Zeile findest du ein Beispiel, das dir zeigt, wie die Tabelle auszufüllen ist.

Tag	Situation	Aussage	Merkmale
X	*Kuchen verbrannt*	*Du bist einfach zu blöd für alles. Kauf den Kuchen beim Bäcker, der kann wenigstens was.*	*Gemein, oberflächliche Argumentation ohne tiefergreifende Erklärung*

1			
2			
3			
4			
5			
6			
7			

In der ersten Spalte notierst du also die Situation, in der sich dein innerer Kritiker zu Wort meldet. In der zweiten Spalte schreibst du seinen genauen Wortlaut auf und in der dritten ist Platz für Beobachtungen deinerseits. So bekommst du ein Gefühl dafür, welche Situationen deinen Kritiker triggern und wie er sich für gewöhnlich ausdrückt.

Den inneren Entwerter entmachten

Es gibt verschiedene Möglichkeiten, den inneren Entwerter seiner Macht über dich zu berauben. Nicht jede davon wird für dich in jeder Situation funktionieren, weshalb es ratsam ist, alle auszuprobieren und zu sehen, was klappt.

Lustiges Liedchen

Kritiker hassen nichts mehr, als nicht ernstgenommen zu werden. Versuche also Folgendes: Wiederhole den Satz, den dein Entwerter von sich gibt, mit der Melodie eines lustigen Kinderlieds. Du kannst zum Beispiel „Hey Pippi Langstrumpf“ oder „Alle meine Entchen“ verwenden. Singe die Worte deines Entwerters zur Melodie des Liedes in einem besonders ulkigen Tonfall im Kopf oder laut vor dich hin. Dadurch wird sich der missmutige Herr möglicherweise schmollend zurückziehen. Außerdem verdeutlichst du damit für dich selbst, wie wenig relevant seine Worte eigentlich sind.

Verbannen aus dem Raum

Du kannst den Kritiker auch einfach des Raumes verweisen. Stelle dir vor, wie du ihn hochnimmst und wenig zimperlich zur Tür hinaus schmeißt. Die Tür schließt du krachend hinter dir.

Tödliche Absicht

Du hast die Nase voll und willst deinem Entwerter zeigen, wo es lang geht? Dann brauchst du ein besonders hässliches Kuscheltier, das ihn symbolisiert. Dieses kannst du anzünden, aufschlitzen und ausweiden oder bei 120 km/h aus dem Autofenster werfen.

▸ Argumentation

In seltenen Fällen kann es sinnvoll sein, sich auf den Kritiker einzulassen und besser zu argumentieren, als er es tut. Antworte ihm und beobachte, was passiert. Oftmals brillieren Kritiker jedoch durch absolut unlogische Schlussfolgerungen und sind resistent gegen jedes vernünftige Argument, weshalb diese Methode nur vereinzelt Früchte trägt.

Beim ersten Versuch ist dein Entwerter vielleicht schon nach zwei Sekunden zurück. Lasse dich davon nicht entmutigen. Je öfter du die Techniken anwendest, desto länger wirst du ihn dir vom Hals halten können.

Kritiker und Kind im Dialog

Schlussendlich sind sowohl der innere Kritiker als auch das innere Kind Teile deiner selbst. Das innere Kind hört, was der Kritiker sagt, und der Kritiker nimmt wahr, was dies mit dem inneren Kind macht. Um hier Zusammenhänge herstellen zu können, bietet es sich an, die Übung mit den Stühlen, die du bereits kennst, um einen Stuhl zu erweitern. Für diese Übung brauchst du also drei Stühle, die du einander zugewandt im Kreis aufstellst. Setze dich auf einen Stuhl und mache es dir bequem. Du befindest dich in der Position des gesunden Erwachsenen. Beschreibe seine Wahrnehmung der Situation in wenigen Sätzen. Dann begibst du dich auf den Stuhl zu deiner Linken und wechselst somit zur Perspektive des inneren Kritikers. Nimm dir Zeit, um anzukommen und höre und spüre, was er zu sagen hat. Dann wechselst du auf den dritten Stuhl und bist in der Rolle des inneren Kindes. Versuche wieder, dich hineinzufühlen und nimm wahr, was die Worte des inneren Kritikers bei deinem inneren Kind auslösen. Je nachdem, was die Situation verlangt, kannst du beliebig zwischen den Stühlen hin und her wechseln. Das Ziel ist es, herauszufinden, was das innere Kind braucht und aus der Position des gesunden Erwachsenen heraus Maßnahmen zu ergreifen, die den inneren Kritiker ruhigstellen und das innere Kind befriedigen.

Kapitel 9: Körperbild - Das Außen innig lieben

Hast du ein Problem mit deinem Körper? Siehst du, wenn du in den Spiegel schaust, oft nur deine vermeintlichen Makel und die Dinge, die dir nicht an dir gefallen? Hast du dir schon einmal abschätzige Bemerkungen über dein äußeres Erscheinungsbild anhören müssen, die dich schwer getroffen haben? Wünschst du dir manchmal, ziemlich viel an deinem Körper ändern zu können? Hast du etliche Diäten hinter dir, dich durch Workouts gequält und gehungert, um einem Schönheitsideal zu entsprechen – ohne Erfolg? Dann geht es dir wie vielen Männern und Frauen in Deutschland und auf der ganzen Welt. Insbesondere Mädchen und Frauen sind einem immensen medialen und gesellschaftlichen Druck ausgesetzt, der ihnen suggeriert, dass ihr Äußeres alles ist, was zählt. Du kannst noch so klug, intelligent, talentiert oder witzig sein – wenn du „zu dick" bist, Akne hast oder es deinem Gesicht an perfekter Symmetrie mangelt, ist das alles nichts wert. Stopp! Wer sind diese Medien und wer ist diese Gesellschaft, dass sie sich herausnehmen, deinen wunderbaren Körper niederzumachen und dir das Gefühl zu geben, nur aufgrund deines Äußeren, das vom fragwürdigen Schönheitsideal abweicht, nichts wert zu sein? Bezogen auf unser Äußeres ist es in dieser kapitalistischen Welt leider so, dass unser Selbsthass buchstäblich Gold wert ist. Denn eine ganze Industrie, die sogenannte Schönheitsindustrie, baut darauf auf. Sie vertickt Anti-Cellulite-Cremes, Anti-Aging-Mittel und Diätpillen, verkauft Schönheits-OPs und bereichert sich an deinem Unwohlsein in deiner eigenen Haut. An dieser Stelle möchte ich ausnahmsweise einmal ganz direkt aus eigener Erfahrung sprechen: Schon als Teenager (mit Normalgewicht) fühlte ich mich immer zu dick. Im zarten Alter von dreizehn Jahren machte ich meine erste Diät, noch nicht ahnend, dass es eine von vielen sein würde. In der Pubertät nahm ich, wie viele Mädchen, ordentlich zu und als ich begann, die Pille zu nehmen, kamen noch ein paar mehr Kilo auf die Hüften. Obwohl ich gute Freunde hatte, gute Noten schrieb, mich von meinen Eltern geliebt fühlte und tolle Hobbys hatte, war ich zutiefst unglücklich. Und das nur wegen meines Gewichts. Als junge Erwachsene entwickelte ich eine Essstörung und nahm innerhalb eines halben Jahres rund 30 Kilo ab. Meine Hüftknochen, mein Schlüsselbein und die Knochen an meinen Handgelenken stachen aus der Haut hervor, ich wurde regelmäßig ohnmächtig und war kaum noch in der Lage, an „normalen" Freizeitaktivitäten teilzunehmen. Und ich fühlte mich noch immer dick, hässlich und schlicht und ergreifend „nicht gut genug". Wenn ich in den Spiegel sah, blickte mir ein dickes, unglückliches Mädchen entgegen. Ein Mädchen, das ich hasste – egal ob mit 80 oder 50 Kilo. Ich hatte mein ehemaliges Wunschgewicht längst erreicht. Mehr noch, ich wog über zehn Kilo weniger. Aber war ich zufrieden mit meinem Äußeren? Nicht im Geringsten. Irgendwann legte sich ein Schalter in meinem Kopf um und ich erkannte – mit der Unterstützung meiner unglaublich tollen Therapeutin - dass es nicht mein Gewicht ist, das ich irgendwie „in Ordnung bringen" musste. Mein Körper war nie etwas anderes als in Ordnung gewesen. Es waren meine Einstellung, meine Überzeugungen und mein Körperbild, die meiner Zufriedenheit im Weg standen. Das ist nur meine Geschichte, die keinesfalls auf jeden in seiner individuellen Situation übertragbar ist. Doch ich denke, dass viele von uns dieselben oder ähnliche Erfahrungen machen mussten. Während ich mich aus dem Loch, in dem ich mich befand, herauskämpfen konnte, gelingt dies vielen jungen Menschen nicht. Sie verbringen ein qualvolles Leben und verhungern voller Selbsthass an den Idealen, denen sie niemals gerecht werden können. Es gibt ein Zitat der Autorin J.K. Rowling, das mich, als ich es zum ersten Mal las, tief berührte:

„Fat is usually the first insult a girl throws at another girl when she wants to hurt her.
I mean, is 'fat' really the worst thing a human being can be? Is 'fat' worse than 'vindictive', 'jealous', 'shallow', 'vain', 'boring' or 'cruel'? Not to me."

Ja, eine Gesellschaft, in der das Wort „fett" die denkbar schlimmste Beleidigung darstellt, hat ein Problem. Und sie sorgt dafür, dass in jeder Generation Menschen in dem Glauben heranwachsen, ihr Äußeres würde ihren Wert definieren. Deshalb liegt mir dieses Kapitel besonders am Herzen. Es soll dir dabei helfen, damit aufzuhören, deinen Körper zu bekriegen. Es soll dich dazu inspirieren, dein Leben zu leben, ohne dich ständig zu fragen, wie du dabei aussiehst. Und es soll dir aufzeigen, dass du so viel Besseres verdient hast, als aufgrund deines Äußeren verurteilt zu werden – erst recht nicht von dir selbst. Als kleine Empfehlung am Rande möchte ich dich auf den 2016 erschienenen, wunderbaren Film „Embrace - Du bist schön" hinweisen, den ich mir immer dann ansehe, wenn ich in Bezug auf mein Körperbild in alte Muster zurückzufallen drohe. Aber genug von mir, schließlich geht es hier in erster Linie um dich und deinen Weg zur Selbstliebe. Also Vorhang auf für sechs Übungen, die dich deinem Körper näherbringen und diesen akzeptieren und lieben lehren können:

Übung 1

Spieglein, Spieglein an der Wand

Hast du einen Spiegel, in dem du dich von Kopf bis Fuß betrachten kannst? Dann wird genau dieser nun gebraucht. Stelle dich vor den Spiegel und betrachte dein Spiegelbild. Was denkst du? Sollte dein innerer Kritiker direkt aufs Ganze gehen und dich mit Beleidigungen und negativen Anmerkungen überhäufen, ist es nun deine Aufgabe, ihm zu widersprechen. Und zwar ganz einfach, indem du laut das etwaige Gegenteil seiner Äußerung aussprichst. Ein paar Beispiele:

„Du siehst scheiße aus."	„Ich sehe wundervoll aus."
„Du bist viel zu fett."	„Ich bin genau richtig."
„Deine Sommersprossen sind hässlich."	„Meine Sommersprossen sind schön."
„So kannst du nicht vor die Tür gehen."	„So kann ich mich der ganzen Welt zeigen."

Bleibe vehement am Ball und leiste Widerspruch, ganz egal, ob du deine Aussagen wirklich so empfindest. Auf diese Weise durchbrichst du Denkmuster, die sich bereits automatisiert haben und so tief in dir verwurzelt sind, dass sie ohne dein aktives Zutun immer wieder abgespult werden. Je öfter du dementierst, desto schwächer werden sie, und desto mehr können ihre positiven Gegenstücke Wurzeln schlagen.

Unser Gehirn kannst du dir in diesem Fall nämlich als übermotivierten Papageien vorstellen. Das, was der Vogel in deinem Kopf oft hört, prägt sich ihm ein, und das sind dann die Gedanken und Sätze, die er ständig ungefragt wiederholt. Indem du deinem Papageien also Nettigkeiten und körperpositive Gedanken antrainierst, trimmst du ihn darauf, diese auf Dauer in seinen alltäglichen Wortschatz zu übernehmen.

Wenn dies mit Klamotten am Leib gut klappt, kannst du einen Schritt weiter gehen. Nun stellst du dich in Unterwäsche vor den Spiegel und wiederholst das Prozedere. Du ahnst es vermutlich schon: In der Profi-Variante durchläufst du diese Übung vollkommen nackt. Es ist dabei normal, dass du dir am Anfang vielleicht blöd vorkommst oder das Gefühl hast, dass das alles nicht wirklich etwas bringt. Doch wenn du es schaffst, diese Übung täglich einmal zu machen, wirst du schneller als gedacht Fortschritte erkennen können.

Übung 2

Fremdwahrnehmung

Achte einmal genau darauf, was dein innerer Kritiker tagtäglich so über deinen Körper zu sagen hat. Schreibe seine Bemerkungen auf und nimm dir am Ende des Tages einen Moment Zeit, um sie durchzulesen. Frage dich dann: Würde ich diese Sätze einer Person, die ich liebe, an den Kopf werfen? Stelle dir zum Beispiel vor, wie du die Aussagen des Kritikers an deine beste Freundin oder an deine Mutter richtest. Das würdest du niemals tun, oder? Dann lasse nicht zu, dass du so mit dir selbst umgehst! In dieser Übung nutzen wir die Tatsache, dass wir über Menschen, die wir lieben, viel weniger hart urteilen als über uns selbst. Frage eine gute Freundin oder einen Angehörigen, ob er die Übung mit dir machen würde. Sicher findest du jemanden, der sich dazu bereit erklärt – schließlich könnt ihr beide davon profitieren. Stellt zwei Stühle so auf, dass ihr euch gegenübersitzt. Zwischen euch sollte nichts, also nicht etwa ein Tisch, stehen. Beginne die Übung nun, indem du deinem Gegenüber sagst, was dir besonders gut an seinem Äußeren gefällt. Sei ganz ehrlich und nenne etwas, das dir ins Auge fällt. So wechselt ihr euch ab, bis jeder von euch mindestens fünf Mal zu Wort gekommen ist. Im zweiten Schritt gehst du von den Haaren bis zu den Füßen durch deinen Körper und erzählst deinem Gegenüber einzeln, was dir nicht an dir gefällt beziehungsweise was du gerne an dir ändern würdest. Du wirst feststellen, dass schon allein das Sprechen über diese vermeintlichen „Problemzonen“ etwas in dir auslöst. Nach jeder einzelnen „Problemzone“ ist dein Gegenüber dazu aufgefordert, seine Meinung dazu zu äußern, die sich im Normalfall immer auf einem Spektrum zwischen absolut ungläubig bis liebevoll verständnisvoll bewegt. Wenn dein Gegenüber dies möchte, kann er zum Abschluss der Übung ebenfalls darüber sprechen, was er nicht so an sich mag, und du kannst deinen lieb gemeinten Senf dazu geben. Achtet in der gesamten Übung darauf, Ich-Formulierungen zu verwenden. Du sagst also beispielsweise nicht „Quatsch, deine Oberschenkel sind schön“, sondern „Quatsch, ich finde deine Oberschenkel schön“ und nicht „Meine Augen sind zu klein“, sondern „Ich denke, meine Augen sind zu klein.“

Übung 3

Blitzlichtgewitter

Diese Übung kannst du alleine oder zusammen mit einer zweiten Person machen. Wie der Titel bereits verrät, geht es darum, Fotos von dir zu machen. Wenn du jetzt innerlich zusammengezuckt bist oder sofort eine gewisse Abneigung empfunden hast, solltest du diese Übung übrigens erst recht machen. Schnappe dir eine Kamera oder dein Smartphone und ziehe dir Klamotten an, in denen du dich besonders wohlfühlst. Es ist ganz egal, ob das ein schickes Kleid oder eine Jogginghose ist. Schließlich kommen die Bilder nicht aufs Cover eines Hochglanzmagazins, sondern sind nur für dich bestimmt. Für dein Fotoshooting gelten folgende Regeln:

- ➡ Schieße mindestens 15 Fotos
- ➡ Schau dir die Bilder erst an, nachdem alle gemacht sind
- ➡ Verwende keine Filter oder Bearbeitungstools

Abgesehen davon kannst du tun und lassen, was du willst. Fotografiere dich lächelnd oder mit ernster Mimik, mache Ganzkörperfotos oder fotografiere nur dein Gesicht, sei ernst oder lustig – oder mache all das. Denke dabei nicht zu viel darüber nach, wie du aussiehst, sondern knipse einfach drauf los. Wenn die Bilder im Kasten sind, druckst du sie aus und siehst sie dir einzeln an. Nimm dir ein Bild nach dem anderen vor und beobachte genau, welcher Gedanke dir jeweils als erstes in den Kopf kommt. Formuliere dann ganz unabhängig von diesem Gedanken zwei bis vier Sätze, die das Bild in positiver oder zumindest neutraler Weise beschreiben. Ein Beispiel: „Das Bild zeigt mein Lächeln. Ich habe Grübchen auf den Wangen und meine Augen strahlen." Notiere deine Sätze auf der Rückseite der Bilder. Du kannst diese Übung zu jeder Zeit wiederholen und die Bilder, wenn du das denn möchtest, in ein Album kleben (mit jeweils einem Klebestreifen am oberen oder unteren Rand, sodass du das Bild umklappen kannst, um deine positiven Gedanken dazu zu lesen) oder zu einer Collage zusammenstellen.

Übung 4

Positives Bodypainting

Wenn du dich viel in den sozialen Medien bewegst, bist du sicher schon über das ein oder andere unglaublich kunstvolle Bodypainting gestolpert. Die begnadeten Künstler machen sich mit Pinsel und Farbe ans Werk und erschaffen auf den Körpern ihrer Models Illusionen und Kunstwerke der ganz besonderen Art. Keine Sorge: Du musst für diese Übung nicht zum Picasso werden und Stunden in ein Bodypainting investieren, nur um es dann wieder abzuwaschen. Genau genommen brauchst du überhaupt keine künstlerischen Fähigkeiten, um diese Übung absolvieren zu können. Alles, was du benötigst, ist ein abwaschbarer Filzstift – und deinen Körper natürlich. Am besten machst du diese Übung nackt. Fühlst du dich dabei aber zu unwohl, kannst du auch Unterwäsche tragen. Suche dir einen Raum, in dem du mindestens dreißig Minuten lang völlig ungestört sein kannst und in dem nicht die Gefahr besteht, dass unvorhergesehen Gäste hinzukommen. Dann siehst du dir deinen Körper an. Dabei wanderst du von unten nach oben. Du beginnst bei den Füßen und versuchst, ein positives Wort zu finden, das deine Füße beschreibt. Hast du eines? Prima! Dann nimm den Stift und schreibe das Wort auf einen deiner Füße. Weiter geht es mit den Waden. Nimm dir ruhig Zeit. Beobachte, welche kritischen Worte dein Entwerter anzubringen hat, gehe aber nicht darauf ein, sondern konzentriere dich darauf, ein wohlwollendes, wertschätzendes Wort zu finden. Anschließend sind die Oberschenkel, gefolgt vom Po und den Hüften an der Reihe. Von dort aus wanderst du über den Bauch zur Brust und dem Dekolleté, zu den Schultern und die Arme hinab zu den Händen. Zum Schluss ist dein Gesicht an der Reihe. Um dir das Finden passender Worte etwas leichter zu machen und zu veranschaulichen, wie das Ganze aussehen könnte, hier ein Beispiel von Fuß bis Kopf:

Füße	ausdauernd
Waden	kräftig
Oberschenkel	weich
Po	sexy
Hüfte	kurvig
Bauch	süß
Brust	formschön
Dekolleté	attraktiv
Schultern	stark
Arme	definiert
Hände	grazil
Hals	flexibel
Gesicht	wunderschön

Versichere dich vorab, dass du wirklich mit einem abwaschbaren Stift arbeitest! Schließlich willst du den Raum irgendwann wieder verlassen, ohne komisch angeschaut zu werden. Betrachte dein Werk. Gehe nochmals durch alle Körperteile und präge dir die zugehörigen Worte ein, indem du sie laut aussprichst: „Mein Po ist sexy", „Mein Dekolleté ist attraktiv", „Meine Schultern sind stark." Wenn du möchtest, kannst du Fotos von deinem ganz persönlichen Bodypainting machen, sodass du dich später gut daran erinnern kannst. Außerdem kannst du die Übung natürlich wiederholen. Versuche dann, andere Wörter für die einzelnen Körperpartien zu finden.

Übung 5

Die Entschuldigung

Diese Übung ist unverzichtbar auf dem Weg zur Selbstliebe. Sie wird dir vielleicht schwer fallen, was aber nur zeigt, wie wichtig es ist, sie zu durchlaufen. Du musst sie nicht jetzt machen, sondern zu einem Zeitpunkt, an dem es dir richtig erscheint. Nimm sie in Angriff, wenn du bereit dazu bist. Es geht nun darum, deinen Körper um Verzeihung zu bitten. Dich bei ihm zu entschuldigen, für all die Momente, Tage und Jahre, in denen du ihn nicht für das geliebt hast, was er ist. Er hat diese Entschuldigung mehr als verdient, wärst du ohne ihn doch nicht hier: Deine Beine bringen dich von A nach B und tragen dich ein Leben lang, dein Bauch schützt lebenswichtige Organe, deine Brust beherbergt die Lunge, die dich atmen lässt, mit deinen Armen kannst du greifen, die Hand eines geliebten Menschen halten und unglaubliche Dinge erschaffen, dein Gesicht ermöglicht es dir, deine Emotionen mimisch auszudrücken, mit deinen Augen kannst du die Welt in all ihren Farben sehen, mit deinem Mund kannst du lächeln und deine Zunge hilft dir dabei, deine Gedanken in Worte zu fassen und dich mitzuteilen. Und dann ist da natürlich noch dein Gehirn, das rund um die Uhr Höchstleistungen erbringt, damit du wahrnehmen, Eindrücke verarbeiten, Erinnerungen abspeichern und Gedanken fassen kannst. Dein Körper gibt alles für dich und doch hast du meistens nur das an ihm gesehen, was dir nicht gefällt. Es gab Tage, an denen du ihn als absolut minderwertig angesehen und gehasst hast. Du hast ihn unfairen Vergleichen unterzogen, aus denen er nur als Verlierer herausgehen konnte, hast ihn hungern lassen und weit über die Grenzen des Annehmbaren hinausgetrieben. Möglicherweise hast du ihn sogar verletzt, seine Haut aufgeschnitten oder ihm absichtlich blaue Flecke zugefügt. Du hast den Ort, der mehr Heimat für dich sein sollte als jeder erdenkliche Platz auf dieser Erde, verachtet, ihn beschimpft und verflucht. Und doch ist er noch immer hier, arbeitet für dich und lässt dich diese Welt erkunden. Die Entschuldigung, die du gegenüber deinem Körper aussprichst, ist vielleicht die bedeutendste, die dir in deinem ganzen Leben über die Lippen kommen wird. Deshalb muss sie ernst gemeint sein und von ganzem Herzen kommen. Sieh dich an, streiche sanft über deinen Körper und entschuldige dich. Es ist gut möglich, dass sich dabei starke Gefühle Bahn brechen. Vielleicht empfindest du Trauer, vielleicht Scham für das, was du deinem Körper angetan hast, vielleicht etwas Angst, weil eine neue Ära der Selbstliebe anbricht. Das alles ist vollkommen in Ordnung. Lasse die Gefühle zu und spüre ganz genau, wie diese entscheidende und überfällige Entschuldigung etwas in dir verändert.

Übung 6

Kompliment für dich

Wir beenden dieses Kapitel mit einer sehr einfachen, alltagstauglichen Übung, die dich von nun an Tag für Tag begleiten soll. Gewöhne dir an, dir jedes Mal ein Kompliment zu machen, wenn du in den Spiegel siehst. Unabhängig davon, ob du glücklich bist oder Tränen über deine Wangen strömen. Das Kompliment kann sich auf dein Äußeres beziehen, aber auch dein Inneres betreffen. Je mehr Komplimente du dir selbst machst, desto mehr wird dies zur Gewohnheit und du wirst dir automatisch etwas Freundliches, Lobendes sagen, wenn du dein Spiegelbild siehst. Solche kleinen Komplimente sorgen dafür, dass du auch im stressigen Alltag nicht vergisst wie liebenswert du bist.

Kapitel 10: Selbstfürsorge in der Praxis

Die Selbstfürsorge wurde in diesem Buch bereits mehrfach genannt, wirklich damit auseinandergesetzt haben wir uns aber noch nicht. Das holen wir mit diesem Kapitel nach. Du erfährst, warum Achtsamkeit in diesem Zusammenhang so wichtig ist und wie du diese schulen kannst. Außerdem gewinnst du Einblicke in die Praxis der Selbstfürsorge und lernst, was es bedeutet, dich gut um dich selbst zu kümmern.

Achtsamkeit: Die eigenen Bedürfnisse wahrnehmen

Achtsam zu sein, heißt genau hinzusehen und nachzuspüren. Es bedeutet im Moment zu leben und das, was in diesem Augenblick vorgeht, präzise wahrzunehmen. Die Achtsamkeit wird oftmals in Bezug auf das Außen praktiziert: Man versucht alles, was über die fünf Sinne aufgenommen wird, fein und vollständig wahrzunehmen, die Dinge, die man tut, ganz bewusst zu tun und die Welt in all ihren Facetten zu erleben. Wir wenden uns stattdessen der Achtsamkeit für das Innen, die eigene Gefühlswelt und den eigenen Körper zu. Immerhin musst du dein Befinden und deine Bedürfnisse wahrnehmen können, um dich wirklich gut und adäquat um dich selbst kümmern zu können. Die folgenden Übungen trainieren deine Achtsamkeit nach innen und helfen dir – ergänzend zur „Arbeit“ mit dem inneren Kind - dabei, zu erkennen, was du brauchst und willst:

Die Ich-Meditation

Wir machen einen kleinen Ausflug in die Welt der Meditation. Keine Angst: Du brauchst keinerlei Vorkenntnisse, keinen Guru an deiner Seite, keine Klangschalen und kein spezielles Sitzkissen. Nur einen ruhigen Ort, an dem du dich wohlfühlst und mit dir allein sein kannst. Ziehe dir bequeme Klamotten an und lege eine Yogamatte oder einen dicken Teppich auf den Boden. Mache es dir im Sitzen gemütlich. Du kannst entweder im Schneidersitz Platz nehmen oder dich hinknien und deinen Po auf deinen Fersen ablegen. Lege die Hände mit den Handflächen nach oben auf deinen Oberschenkeln ab, mache dich im Rücken gerade und schließe die Augen. Konzentriere dich voll und ganz auf deinen Atem. Fühle, wie die Luft beim Einatmen in deinen Körper fließt und beim Ausatmen wieder hinausgleitet. Spüre, wie sich deine Brust hebt und senkt. Beginne nun damit, deine Atemzüge zu zählen. Einatmen, ausatmen, eins – Einatmen, ausatmen, zwei – Einatmen, ausatmen, drei. Bleibe gedanklich ganz bei deiner Atmung und dem Zählen. Solltest du abschweifen, machst du einfach bei der letzten Zahl weiter, an die du dich erinnerst. Auf diese Weise bringst du deinen Geist gezielt zur Ruhe. Wenn du spürbar ruhiger geworden bist, wofür du zu Beginn vermutlich mindestens bis sechzig zählen musst, verabschiedest du dich von den Zahlen und ersetzt sie durch Gefühle und Eindrücke bezüglich deines Inneren. Spüre in dich hinein, nimm deinen gesamten Körper wahr und versuche, deine aktuelle Gefühlslage zu ergründen. Anfangs wirst du kaum jedem Atemzug einen Eindruck oder eine Erkenntnis über dein Inneres beifügen können. Es ist vollkommen in Ordnung, nur bei jedem fünften oder zehnten Atemzug eine solche Erkenntnis zu äußern. Mit der Übung wird es dir immer leichter fallen, den Fokus ganz auf dein Inneres zu legen und im Rahmen der Atemmeditation Feststellungen bezüglich deines Befindens zu tätigen. Die Meditation leitest du übrigens aus, indem du zum Zählen zurückkehrst. Nun zählst du allerdings von zehn rückwärts und öffnest bei null die Augen.

Reise durch den Körper

Diese Übung dient dazu, ein besseres Gespür für deinen Körper und dafür, wie es ihm geht, zu entwickeln. Lege dich rücklings auf eine Matte, das Sofa oder auf einen dicken Teppich. Strecke die Beine leicht gespreizt aus und platziere die Arme mit den Handflächen nach oben neben deinem Körper. Richte deine Wirbelsäule so aus, dass du möglichst gerade, aber dennoch bequem liegst, und schließe die Augen. Verbringe wieder einige Minuten damit, deinem Atem zu lauschen und im Hier und Jetzt anzukommen. In diesem Moment ist nichts wichtig, außer dein Körper. Vergiss den Brief, den du zur Post bringen, das Essen, das du kochen und das Gespräch, das du dringend führen musst für fünfzehn Minuten. Es geht nur um dich. Du wirst eine Tour quer durch deinen Körper unternehmen. Der Start sind die Zehen, das Ziel die Kopfhaut. Fokussiere dich auf deine Zehen. Kannst du sie spüren? Wie fühlen sie sich an? Sind sie zum Beispiel warm oder kalt? Fit oder müde? Schwer oder leicht? Nimm dir einige Augenblicke Zeit, um bei deinen Zehnen zu verweilen und ihnen deine volle Aufmerksamkeit zu schenken. Gehe dann weiter zu deinen Schienbeinen und verfahre gleichermaßen. Danach kommen die Waden, dann die Knie, die Oberschenkel, der Po, der Bauch und die Brust an die Reihe. Schließlich wanderst du über die Schultern zu den Oberarmen, den Unterarmen und den Händen. Dann lenkst du deine Aufmerksamkeit zu deinem Hals, zu deinem Gesicht und zu guter Letzt zu deiner Kopfhaut. Halte jeweils einige Sekunden lang inne und spüre genau hin. Solltest du Probleme damit haben, das jeweilige Körperteil wirklich zu fühlen, kannst du die Muskeln in diesem Bereich kurz an- und gleich wieder entspannen, um dir der Körperstelle bewusst zu werden. Wenn du die Tour durch deinen Körper beendet hast, nimmst du alle Körperteile, durch die du mental gewandert bist, zeitgleich wahr. Sollte dir dies schwer fallen, beginnst du wieder mit den Zehen und nimmst nach und nach weitere Körperteile hinzu. Stelle dir abschließend die Frage: Wie geht es deinem Körper? Spüre einige Minuten nach, lausche wieder deinem Atem und öffne dann langsam die Augen.

Das Gedanken-Gefühls-Handlungs-Dreieck

Unsere Gedanken, Gefühle und Handlungen hängen zusammen. Die Gedanken bestimmen die Gefühle, die Gefühle das Handeln, das Handeln die Gedanken und alle denkbaren anderen Kombinationen. Wie du dich fühlst, hat somit ziemlich direkten Einfluss darauf, wie und was du denkst und was du tust – und umgekehrt. Ein Beispiel: Du denkst „Ich bin ganz allein“, fühlst dich einsam und ziehst dich automatisch zurück, wodurch du dich noch einsamer fühlst, sich die Gedanken in diese Richtung verstärken, du dich noch mehr zurückziehst und so weiter. Oder aber du fühlst dich blendend, denkst „Ich kann alles schaffen“ und traust dich etwas zu tun, das du noch nie ausprobiert hast. Dein Mut macht dich noch glücklicher und deine Gedanken werden in himmlische Sphären katapultiert. Die meisten Menschen sind sich im Alltag gar nicht wirklich bewusst, wie stark sich Gefühle, Gedanken und Handlungen gegenseitig beeinflussen. Das ist schade, denn wären wir an dieser Stelle achtsamer, könnten wir den Zusammenhang für uns nutzen. Und wir wären in der Lage, unsere Bedürfnisse klarer und schneller zu erkennen. Denn: Was du denkst, wie du dich fühlst und was du tust, sagt viel darüber aus, was du gerade brauchst. Vielleicht ist dir etwas ähnliches schon einmal passiert: Du bist mies gelaunt, motzt deine beste Freundin ohne ersichtlichen Grund an und fragst dich, was eigentlich mit dir los ist. Du denkst „Ich bin ein schrecklicher Mensch, warum verhalte ich mich so?", deine Laune wird noch schlechter und wenn du Pech hast, ist der nächste Mensch, den du verärgerst, dein Chef. Erst in einer ruhigen Minute fällt dir auf, dass du Hunger hast. Du isst einen Snack und wirst schlagartig emotional ausgeglichener. Die Lösung lag auf der Hand, doch du hast sie übersehen, weil du den Zusammenhang zwischen dem Gefühl Hunger, den übellaunigen Gedanken und dem unausstehlichen Verhalten nicht richtig deuten konntest. Mache dir bewusst, dass hinter vielen Gefühlen, Gedanken und Handlungen unbefriedigte Bedürfnisse stecken, und beobachte dich genau. Höre deinen Gedanken zu, traue dich zu fühlen, und reflektiere dein Handeln. Am deutlichsten wird der Zusammenhang oft in extrem emotionalen Situationen, wie bei einem Streit, mitten in einem Gefühlstief oder unmittelbar nach einer besonders freudigen Überraschung. Beobachte, wie die Emotionen deine Gedanken und dein Handeln beeinflussen. Hierfür kannst du nach diesem Vorbild eine Tabelle anfertigen und diese nutzen, wobei die erste Zeile als Beispiel dient:

Situation	Gefühl	Gedanke	Handlungs-impuls	Bedürfnis
Streit mit der besten Freundin	*Wut, Ärger, Trauer*	*„Blöde Kuh. Warum hört sie mir nie richtig zu?"*	*Kontaktabbruch und Rückzug*	*Gehört werden*

Durch die Analyse des Gefühls-Gedanken-Handlungs-Dreiecks und das Erkennen des eigentlichen Bedürfnisses, kannst du der Geschichte eine neue, bessere Richtung geben. Denn die Handlungen, denen wir aufgrund unserer Gefühle und Gedanken impulsartig folgen möchten, sind oftmals alles andere als zweckdienlich hinsichtlich der Befriedigung des zugrundeliegenden Bedürfnisses. Deshalb gilt es, einen Schritt zurück zu machen, die Sachlage zu begutachten und eine sinnvolle, zielführende Alternativhandlung zu entwickeln. Das mag kompliziert klingen, mit etwas Übung brauchst du aber schon bald keine Tabelle mehr, sondern schaffst es, deinem Bedürfnis intuitiv auf die Schliche zu kommen und entsprechend zu handeln.

Der Bedürfnis-Check

Der Bedürfnis-Check begleitet dich fortan jeden Tag. Das praktische daran: Du kannst ihn überall machen und brauchst dafür nur ungefähr zwei Minuten. Um ein Gespür für dein Befinden und deine Bedürfnisse zu entwickeln, hast du bereits die Ich-Meditation kennengelernt. Der Bedürfnis-Check ist quasi die Kurzvariante davon. Du hältst, ganz egal wo du bist – ob in der Bahn, beim Warten an der Supermarktkasse oder beim Zähneputzen am Morgen -, kurz inne und besinnst dich auf dich selbst. Wenn du möchtest und es dir beim Lenken deines Fokus auf dein Befinden hilft, kannst du einige Atemzüge zählen. Dann wanderst du mit deiner Aufmerksamkeit im Schnelldurchlauf durch deinen Körper und registrierst sein Befinden. Anschließend richtest du die Aufmerksamkeit nach innen und widmest dich den seelischen Belangen. So checkst du binnen kürzester Zeit, wie es dir geht. Stelle dir dann die Frage: Habe ich gerade ein Bedürfnis? Und wenn ja, wie kann ich es erfüllen? Versuche, den Bedürfnis-Check mindestens dreimal täglich zu durchlaufen. Je mehr du dich daran gewöhnst, desto eher wirst du kurze Pausen im Alltag fast automatisch für den Check verwenden.

Unklare Bedürfnisse identifizieren

Manchmal ist es gar nicht so einfach, herauszufinden, welches Bedürfnis man gerade hat. Während Hunger als Bedürfnis nach Nahrung und Müdigkeit als Bedürfnis nach Schlaf leicht zu entlarven sind, machen es uns weniger konkrete oder seltener auftauchende Bedürfnisse schwerer. Wir spüren, dass ein Bedürfnis vorhanden ist, wissen aber nicht so genau, worauf es sich bezieht. Wenn es dir so geht, kannst du folgendermaßen vorgehen:

Das Bedürfnis-Alphabet

Gehe einmal durch das Alphabet und versuche, für jeden Buchstaben ein Bedürfnis zu finden. Sprich: Suche nach Bedürfnissen mit dem jeweiligen Anfangsbuchstaben (ausgenommen unpassender Buchstaben, wie C oder Y). Frage dich nach jedem Buchstaben, ob es vielleicht das Bedürfnis ist, das du verspürst. Zwecks Inspiration findest du nachfolgend ein ausgefülltes Bedürfnis-ABC:

A	Aufmerksamkeit
B	Bewegung
D	Distanz
E	Entspannung
F	Familie
G	Geborgenheit
H	Harmonie
I	Isolation
K	Körperliche Nähe
L	Liebe
M	Mitleid
N	Natur
O	Ordnung

P	Privatsphäre
R	Ruhe
S	Sicherheit
T	Trost
U	Unterstützung
V	Veränderung
W	Wertschätzung
Z	Zuwendung

Bedürfnis-Karteikarten

Wenn du dir generell schwer damit tust, Bedürfnisse zu erkennen, können dir Karteikarten eine große Hilfe sein. Auf die eine Seite schreibst du das Bedürfnis, auf die andere Seite die emotionalen und körperlichen Erkennungszeichen. Immer dann, wenn du ein „neues" Bedürfnis korrekt erkannt hast, fertigst du eine zugehörige Karteikarte an. Du weißt, dass du richtig liegst, wenn du das Bedürfnis durch passende Maßnahmen befriedigen kannst. Im Fall der Fälle kannst du deine Karteikarten durchstöbern und stößt vielleicht auf das Bedürfnis, das du gerade verspürst.

Versuch und Irrtum

Wenn sich ein Bedürfnis hartnäckig hält und die zuvor geschilderten Vorgehensweisen nicht zum Erfolg führen, musst du dich in das altbekannte und vielerorts verhasste Spiel begeben, das sich Versuch und Irrtum nennt. Lasse dich vollkommen von deiner Intuition leiten und probiere einfach Dinge aus, die laut deiner Einschätzung im Bereich des Möglichen liegen. Aus jeder Situation kannst du dabei lernen. Also sehe die Irrtümer, denen du höchstwahrscheinlich begegnen wirst, nicht als durch und durch schlecht an, sondern nimm dir die Zeit sie zu analysieren, um für die Zukunft daraus zu lernen.

Selbstfürsorge: Kümmere dich um dich selbst

Selbstfürsorge setzt sich letztendlich aus zwei Elementen zusammen: Dem Erkennen der eigenen Bedürfnisse und dem Erfüllen dieser Bedürfnisse. Mit Erstgenanntem haben wir uns nun ausreichend beschäftigt, sodass wir uns nur noch dem zweiten Aspekt widmen müssen. Sich selbst zu geben, was man braucht – das klingt kinderleicht, nicht wahr? Erst recht, wenn man genau weiß, welches Bedürfnis es zu erfüllen gilt. Und doch fällt es vielen Menschen – vielleicht auch dir – verblüffend schwer, sich gut um sich selbst zu kümmern. Wenn wir einmal voraussetzen, dass wir genau wissen, was wir gerade brauchen, bleiben vordergründig diese Gründe dafür, dass wir es uns selbst nicht zukommen lassen:

Altruismus / Furcht vor Egoismus

Manchmal versäumen wir es, uns um uns selbst zu kümmern, weil wir zu sehr damit beschäftigt sind, die Bedürfnisse anderer zu befriedigen. Altruistisch veranlagten Menschen kann es leicht passieren, dass sie ihr eigenes Wohlbefinden nahezu komplett aus den Augen verlieren. Hinzu kommt oft eine gewisse Furcht davor, egoistisch zu sein oder als egoistisch wahrgenommen zu werden. Die Selbstfürsorge bleibt auf der Strecke, weil wir bloß kein Egoist sein wollen. Wenn Egoismus aber bedeutet, die eigenen Bedürfnisse öfter an erste Stelle zu stellen, dann ist eine gesunde Portion davon nichts, wofür man sich schämen muss.

Selbstbestrafung

Manche von uns meiden die Erfüllung ihrer Bedürfnisse ganz bewusst, quasi als Akt der Selbstbestrafung. Dahinter steckt oft ein ausgewachsener Selbsthass, der uns dazu veranlasst zu denken, dass wir die Fürsorge durch unsere eigene Hand gar nicht verdient haben.

Gewohnheit

Wir Menschen sind bekanntermaßen Gewohnheitstiere. Das Ignorieren der eigenen Bedürfnisse kann sich über die Jahre zu einer Art Automatismus entwickelt haben, sodass wir gar nicht mehr bewusst wahrnehmen, dass wir uns nicht um uns kümmern. Das Verzichten auf Selbstfürsorge kommt uns dann ganz normal vor.

Dass Selbstfürsorge wichtig ist, muss an dieser Stelle vermutlich nicht genauer erläutert werden. Sowohl körperlich als auch psychisch brauchen wir gewisse Dinge und Einflüsse. Nicht immer können wir selbst dafür sorgen, dass uns diese zuteilwerden, doch wenn wir es können, dann sollten wir es unbedingt tun. Mit wachsender Selbstliebe wird die Selbstfürsorge leichter für dich werden, bis sie schließlich zum Normalsten der Welt geworden ist. Man kümmert sich ganz einfach um die Menschen, die man liebt – inklusive der eigenen Person. Aber wie sieht Selbstfürsorge in der Praxis aus? Das sehen wir uns anhand einiger Beispiele an:

Naomi kommt von der Arbeit nach Hause und ist absolut erledigt. Blöd nur, dass in der Wohnung die Wäsche darauf wartet, zusammengelegt zu werden, die Spüle voller Geschirr steht und der Boden auch mal wieder gewischt werden müsste. Naomi hat Erfahrung mit Selbstfürsorge und führt unterbewusst einen Bedürfnis-Check durch. Sie stellt fest, dass sie sich stark nach Ruhe und Entspannung sehnt. Gleichzeitig weiß sie aber, dass sie sich kaum wird entspannen können, wenn die Wohnung so unordentlich ist. Denn auch Ordnung gehört zu ihren Bedürfnissen. Deshalb schließt Naomi einen Kompromiss: Sie investiert dreißig Minuten ins Saubermachen, sodass die Wohnung zumindest einigermaßen aufgeräumt ist. Anschließend macht sie es sich auf dem Sofa bequem und taucht für den Rest des Abends in ihre Lieblingsserie ein. Die Wäsche kann bis morgen warten.

Pauls Freundin hat sich von ihm getrennt und Paul ist am Boden zerstört. Er ist furchtbar enttäuscht, traurig und sogar etwas wütend. Seine Kumpels fordern ihn auf, mit ihnen in die Disco zu gehen – schließlich sind sie der Meinung, dass Paul jetzt Ablenkung braucht und so richtig einen draufmachen sollte. Paul weiß das Angebot zu schätzen, lehnt aber trotzdem ab. Ihm ist mehr danach, seine Wunden zu lecken und die Trennung in aller Ruhe für sich allein zu verdauen.

Sybille geht eigentlich jeden Tag ins Fitnessstudio. Sie braucht die Bewegung, um Stress abzubauen, sich auszupowern und abschalten zu können. Nach einem Workout fühlt sie sich immer besonders gut und energiegeladen. Doch heute hat Sybille ihre Tage bekommen und hat unter heftigen Krämpfen zu leiden. Eigentlich sieht sie es selbst nicht gern, wenn sie ihre Trainings-Routine durchbricht, doch sie spürt, dass ihr Körper Ruhe braucht. Deshalb bleibt sie zu Hause, macht sich eine Wärmflasche und freut sich darauf, am nächsten Tag mit voll aufgeladenen Akkus und hoffentlich abgeklungenen Bauchschmerzen im Studio durchstarten zu können.

Du siehst: Selbstfürsorge bedeutet manchmal, etwas zu tun, und manchmal, etwas nicht zu tun. Was den persönlichen Bedürfnissen an einem Tag entgegenkommt, kann ihnen am nächsten Tag widersprechen. Deshalb musst du immer die individuelle Situation im jeweiligen Moment betrachten und aus der einzigartigen Perspektive, die jeder Augenblick darstellt, heraus entscheiden, was gerade das Beste für dich ist.

Wir beenden dieses Kapitel mit einigen Autosuggestionen, mit denen du arbeiten kannst, falls dir das Thema Selbstfürsorge nicht gerade leicht von der Hand geht:

- ✓ Meine Bedürfnisse sind wichtig.
- ✓ Selbstfürsorge ist gesund und richtig.
- ✓ Ich liebe mich, deshalb kümmere ich mich um mich selbst.
- ✓ Selbstfürsorge ist meine Stärke.
- ✓ Ich kümmere mich um mich selbst.
- ✓ Ich habe Selbstfürsorge verdient.

- ✓ Ich befriedige meine Bedürfnisse.
- ✓ Meine Bedürfnisse sind immer relevant.
- ✓ Ich darf mich selbst zu meiner Priorität machen.
- ✓ Ich bin meine Nummer eins.

Kapitel 11: 10 Tipps - Selbstliebe im Alltag leben

In diesem Kapitel dreht sich alles darum, Selbstliebe im Alltag umzusetzen. Du findest hier eine Auswahl an praktischen Tipps, mit denen du dein alltägliches Leben im Sinne der Selbstliebe gestalten kannst.

#1: Umgib dich mit Menschen, die dir gut tun

Es gibt Menschen, in deren Gegenwart du ganz du selbst sein kannst. Mit ihnen fühlst du dich wohl, du kannst aus dir herausgehen, dich mitteilen oder schweigen, ohne verurteilt zu werden. Ihr könnt zusammen lachen und weinen, euch Geheimnisse anvertrauen und euch immer aufeinander verlassen. Das sind die Menschen, die du mit aller Kraft in deinem Leben behalten solltest, denn sie sind selten. Doch sie sind nicht zwangsläufig die einzigen, die dir gut tun können. Auch Personen, mit denen du ein weniger enges Vertrauensverhältnis pflegst, können dich inspirieren, beflügeln und dafür sorgen, dass du dich gut fühlst. Sicherlich bist du schon einmal jemandem begegnet, der nur so vor „Good Vibes“ sprühte und in dessen Beisein du dich leichter, freier und zufriedener gefühlt hast. Solche Menschen haben einen Platz in deinem Leben verdient, auch wenn sie nicht viel über das, was tief in dir vorgeht, wissen und dich erst kurze Zeit kennen. Es gibt verschiedene Arten von Menschen, die dir gut tun und sie sollten es sein, mit denen du dich, wann immer möglich, umgibst. Nicht alle dieser Menschen werden dich ein Leben lang begleiten. Manchmal verflüchtigen sich Kontakte, Bekanntschaften kommen und gehen und das ist ok. Wichtig ist, dass du zu der Zeit, in der sie an deiner Seite sind, begreifst, dass sie einen positiven Einfluss auf dich haben, und dass du immer danach strebst, solche Menschen in deinem Umfeld zu haben.

#2: Trenne dich von Menschen, die deine Selbstliebe gefährden

Und dann gibt es da die Personen, die sich weniger gut auf deine Selbstliebe und deine Zufriedenheit auswirken. Sie machen abschätzige Kommentare, sind unzuverlässig, nehmen ohne zu geben, lügen, betrügen, machen dir Vorwürfe, missbrauchen dein Vertrauen oder beschimpfen dich und wollen dir dann einreden, dass du es nicht anders verdient hast und sowieso alles deine Schuld ist. Hier lautet das Zauberwort: Tschüss. Menschen, die an deiner Selbstliebe kratzen und durch und durch schlecht für deine Zufriedenheit sind, solltest du soweit möglich konsequent aus deinem Leben verbannen. Du wirst sehen: Wenn du dich erst einmal wirklich selbst liebst, fällt es dir kaum schwer, Abschied von ihnen zu nehmen. Und das solltest du dann auch unbedingt tun. Natürlich lassen sich nicht alle Menschen, die dir nicht gut tun, aus deinem Leben streichen. In der Realität gibt es da zum Beispiel den Boss, der dich nur kritisiert und kaum lobende Worte übrig hat, dem du aber zwangsläufig begegnen musst, wenn du deinen absoluten Traumjob behalten möchtest. Du musst also abwägen und individuell entscheiden, welche Menschen du tatsächlich loswerden möchtest und kannst.

#3: Stehe für dich ein

Was man immer wieder bei Menschen, die sich auf dem Weg zur Selbstliebe befinden, beobachten kann, ist, dass sie beginnen, für sich selbst einzustehen. Sie nehmen nicht mehr alles hin, was ihnen an den Kopf geworfen oder in den Weg gelegt wird, sondern machen sich stark für sich selbst. Auch du wirst diese Wandlung durchlaufen und so zu deinem eigenen Beschützer und Verteidiger werden.

#4: Vertrete deine Werte

Jeder Mensch hat bestimmte Werte, Ansichten und Moralvorstellungen, die ihm wichtig sind, hinter denen er voll und ganz steht und die teils kontrovers ausfallen können. Im alltäglichen Leben ergeben sich immer wieder Situationen, in denen unsere Werte bedroht, mit Füßen getreten oder infrage gestellt werden. Die Selbstliebe wird dich dazu befähigen, deine Werte diplomatisch und bestimmt zu vertreten. Sei nicht das „Fähnchen im Winde“, sondern zeige Rückgrat und stehe zu deinen Überzeugungen. Schweige nicht, sondern setze dich ein und lasse dich nicht unterkriegen.

#5: Verlasse toxische Situationen

Du befindest dich in einer Situation, in der du dich einfach nur extrem unwohl fühlst und die du am liebsten sofort verlassen würdest? Dann tu es. Du musst dich keinen Situationen aussetzen, denen du nicht gewachsen bist oder die dich zu stark belasten. Du hast das Recht zu gehen, wenn du das Gefühl hast, dass ein Bleiben deine Selbstliebe, dein Wohlbefinden oder deine körperliche oder psychische Gesundheit gefährden würde.

#6: Sage „Nein“

Halte dir vor Augen, dass „Nein“ zu sagen immer eine Option ist. Die Umstände mögen dich zu einem „Ja“ drängen, es steht dir aber frei, trotzdem bei einem „Nein“ zu bleiben. Übe das Neinsagen und du wirst weit weniger Zeit deines Lebens damit verbringen, Dinge zu tun, die du eigentlich nicht tun willst. Es ist wertvolle Zeit, die du stattdessen in Aktivitäten investieren kannst, die dir gut tun und dich voran bringen.

#7: Akzeptiere schlechte Tage

Du hast es nicht geschafft, „Nein“ zu sagen, dein innerer Entwerter ist präsent wie nie zuvor oder du hast klein beigegeben, anstatt zu deinen Überzeugungen zu stehen? Das ist kein Weltuntergang. Akzeptiere, dass du nicht immer 100 % geben kannst – auch nicht in puncto

Selbstliebe - und analysiere die spezifischen Situationen, um herauszufinden was du brauchst, um beim nächsten Mal anders agieren zu können.

#8: Sei mutig

In einer Welt, in der Unsicherheit, verzerrte Körperbilder und Selbsthass fast schon die Regel sind, braucht es Mut, um seine Selbstliebe nach außen zu tragen. Sei mutig, lasse dich nicht von Menschen beirren, die den Pfad der Selbstliebe noch nicht beschritten haben, und halte an deiner Liebe zu dir selbst fest. Schäme dich nicht und traue dich, offen zu deiner Selbstliebe zu stehen und andere damit zu inspirieren.

#9: Lasse Selbstmitleid zu

Das Wort Selbstmitleid wird meist direkt in einen negativen Zusammenhang gestellt. Wer Selbstmitleid empfindet, ist weinerlich und schwach und suhlt sich in seinem Elend, anstatt die Zügel in die Hand zu nehmen und das Beste aus der Situation zu machen. Diese weit verbreitete Ansicht wirkt sich extrem schädlich auf uns und unseren Umgang mit uns selbst aus. Wenn wir Mitleid für jemand anderen verspüren, sind wir empathisch, doch wenn wir dieses Mitleid für uns selbst haben, sind wir schwach? Da kann doch etwas nicht stimmen. Tatsache ist: Selbstmitleid zu empfinden ist normal, gesund und wichtig. Wenn dir etwas Schlimmes zustößt, du traurig bist, Schmerzen hast oder es dir einfach nur nicht gut geht, darfst du selbstverständlich Mitleid mit dir haben. Schließlich bedeutet sich selbst zu lieben auch, die Härte gegenüber der eigenen Person und dem eigenen Empfinden abzulegen und Raum für Rücksicht, Sensibilität und Verständnis zu schaffen.

#10: Erkenne Akte der Selbstliebe

Gerade zu Beginn, wenn du noch nicht allzu gefestigt in deiner Selbstliebe bist, gelingt es dir vermutlich nicht immer, zu erkennen, dass du aus Selbstliebe handelst. Sei achtsam, beobachte dich selbst genau und klopfe dir innerlich auf die Schulter, wenn du einen Akt der Selbstliebe vollbracht hast. Das können übrigens auch Kleinigkeiten - zum Beispiel das Abbrechen eines Films, der dir stark aufs Gemüt schlägt oder die Nachsicht mit dir selbst an einem „schlechten" Tag - sein.

Kapitel 12: Selbstliebe bei Kindern fördern

Wie du weißt, stellen die Erfahrungen, die in der Kindheit gemacht werden, die Weichen dafür, mit wie viel Selbstliebe das „Konto“ gefüllt wird. Die Erziehung spielt demnach eine bedeutende Rolle und entscheidet darüber, wie leicht es dem Kind als junger Erwachsener fällt, sich selbst zu lieben. Im letzten Kapitel dieses Buches wenden wir uns daher den Möglichkeiten zu, die du als Elternteil hast, um die Selbstliebe deines Kindes zu fördern.

Stützen und stärken - Aber richtig

Dass Eltern eine Stütze für ihr Kind sein und es stärken sollen, ist klar. Oftmals geht der Versuch, dies zu leisten, aber nach hinten los. Denn richtiges Stützen und Stärken ist gar nicht so einfach – vor allem dann, wenn man selbst kein Profi in Sachen Selbstliebe ist. Diese Tipps und Hinweise sollen dir eine Richtung vorgeben und dir eine Idee liefern, wie du dein Kind dabei unterstützen kannst, Selbstliebe zu entwickeln:

Komplimente und Lob unabhängig von der Leistung

Oftmals werden Kinder nur – oder eben besonders überschwänglich und häufig – gelobt, wenn sie gute Leistungen erbringen. Das ist in einer Leistungsgesellschaft zwar logisch, aber nicht unbedingt förderlich für eine gesunde Selbstliebe. Wenn ein Kind immer nur dann begeistert gelobt wird, wenn es eine gute Note geschrieben, ein anderes Kind in einem Wettkampf besiegt oder anderweitig geglänzt hat, vermittelt das zwangsläufig den Eindruck, dass es nichts gibt, das mehr zählt als die Leistung. Besser ist es, den Prozess zu loben. Wenn dein Kind zum Beispiel viel für den Mathetest gelernt hat, aber dennoch nur eine Vier bekommt, hat es trotzdem ein Lob verdient. Wenn dein Kind ein verdammt schlechter Fußballspieler ist, aber trotzdem mit Spaß und Motivation bei der Sache ist, ist das lobenswert. Als Eltern sollten wir uns angewöhnen, Lob nicht zu rationieren, sondern großzügig zu verteilen. Schließlich konditionieren wir keinen Hund, sondern ziehen ein menschliches Wesen groß, dessen Schicksal bis zu einem gewissen Grad in unserer Hand liegt. Es ist auf uns angewiesen und es saugt das, was wir tun und sagen, auf wie ein Schwamm. Wenn du dein Kind das nächste Mal lobst, solltest du also genau auf deine Worte achten. Anstatt „Du bist Erster geworden, ich bin so stolz auf dich“, könntest du zum Beispiel einfach nur „Ich bin stolz auf dich“ sagen – egal, ob dein Kind Erster oder Letzter geworden ist.

Von Äußerlichkeiten unabhängiges Loben

„Du siehst aber schick aus“, „Lächle nochmal, das ist so süß“ oder „Dieses Kleid ist umwerfend, wir müssen ein Foto machen“ – solche Sätze sind nicht unbedingt falsch, sollten aber nicht die Norm darstellen. Insbesondere Mädchen werden in ihrem späteren Leben noch oft genug auf ihr Äußerliches reduziert werden – wir als Eltern müssen nicht dazu beitragen. Natürlich darf man seinem Kind sagen, dass es wunderschön ist. Man darf ihm dabei aber nicht das Gefühl geben, dass die Schönheit eine allzu große Bedeutung besitzt.

Aufrichtig und glaubhaft loben

Kinder merken, wenn das Lob geheuchelt ist. Deshalb ist es wichtig, dass du meinst, was du sagst. Wenn du deinem Kind nach einem vergeigten Vorspielen tröstend auf die Schulter klopfst und ihm mit mitleidiger Miene versicherst, dass es gut war, tust du ihm keinen Gefallen. Lobe es dann lieber dafür, einen Versuch gewagt zu haben, und meine es ernst.

Ein gutes Vorbild sein

Wenn Papa morgens vor dem Spiegel minutenlang damit beschäftigt ist, seine verbleibenden Haare penibel über die Halbglatze zu kämmen und Mama mittags schon wieder nicht mitisst, weil sie dringend abnehmen muss, entgeht das dem Sprössling keinesfalls. Die Eltern sind automatisch Vorbilder und Kinder übernehmen ihr Verhalten verblüffend oft in ihre eigene Weltanschauung. Wenn du es also selbst nicht schaffst, dich zu lieben, ständig verschämt an deinen Klamotten herumzwickst und nicht mit ins Freibad gehst, weil du dich nicht im Bikini zeigen willst, vermittelst du deinem Kind ein Bild, ohne dies bewusst zu wollen. Das Beste, das du für dein Kind in puncto Selbstliebe tun kannst, ist, es vorzumachen und dich selbst zu lieben.

Ermutigen statt einschränken

Stutze deinem Kind nicht die Flügel. Es gibt zu viele Eltern, die ihrem Kind viel zu deutlich sagen, was es kann und was nicht. Damit beschränken sie ihren Schützling in seinen Möglichkeiten und rauben ihm den Glauben an seine potenziellen Fähigkeiten. Die Sätze „Das kannst du nicht", „Das musst du erst gar nicht versuchen" und „Das wird nichts" solltest du aus deinem Vokabular streichen. Ermutige dein Kind, wann immer es geht. Vielleicht ist sein Vorhaben zum Scheitern verurteilt, vielleicht wird es aber auch über sich hinauswachsen. Dein Kind muss die Gelegenheit bekommen, sich auszuprobieren, seine Grenzen zu erkunden und diese zu sprengen. Ein Scheitern muss unbedingt erlaubt sein. Du kannst dein Kind nicht davor bewahren und das ist auch nicht deine Aufgabe. Deine Aufgabe ist es vielmehr, es auf der gesamten Strecke anzufeuern und nach dem Scheitern für seinen Mut zu loben.

Bedingungslose Liebe vermitteln

Das wertvollste, das du deinem Kind schenken kannst, ist deine bedingungslose Liebe. Oft wird davon ausgegangen, dass Eltern ihr Kind automatisch bedingungslos lieben. Aber seien wir mal ehrlich: Wird diese Liebe manchmal nicht immens auf die Probe gestellt? Eben. Ein Kind merkt sich Momente, in denen seine Eltern enttäuscht, wütend oder traurig waren, deutlich stärker als solche, in denen sie vor Glück gejubelt haben. Du kannst deinem Kind daher nicht oft genug versichern, dass du es liebst – vor allem in Situationen, in denen es möglicherweise daran zweifeln könnte. Die bedingungslose Liebe, die dein Kind durch dich kennenlernen kann, wird es tief und lebenslang prägen und legt den Grundstein für die Selbstliebe, die es eines Tages empfinden wird.

Das Kind als Individuum

Jedes Kind ist ein Unikat. Schlaue Erziehungsratgeber wollen uns zwar glauben machen, dass eine bestimmte patentierte Erziehungsmethode das absolut Beste für jedes Kind ist, die Wahrheit sieht aber ganz anders aus. Was für das eine Kind funktioniert, kann dem anderen schaden – und umgekehrt. Deshalb kommst du nicht darum herum, dein Kind als das Individuum wahrzunehmen und anzuerkennen, das es ist. Nachfolgend findest du einige Denkanstöße zur Förderung der Selbstliebe bei Kindern mit unterschiedlichen Eigenschaften:

Selbstbewusste Kinder

Bei Kindern, die ein großes Selbstbewusstsein zeigen, hast du vergleichsweise leichtes Spiel. Dein Kind glaubt an sich, geht offen auf Gleichaltrige zu, wagt sich an Herausforderungen und ist nicht so leicht unterzukriegen. Bestärke es in seinem Selbstbewusstsein, mache ihm bewusst, dass es sich auf dem richtigen Weg befindet, und gib ihm die Freiheit, sich auszuprobieren. Eltern selbstbewusster Kinder machen manchmal den Fehler, ihre eigenen Unsicherheiten auf ihr Kind zu übertragen und es damit in seiner Entwicklung zu hemmen. Solltest du feststellen, dass dein Kind sehr selbstbewusst ist und dass dir dies Angst macht oder dich verunsichert, ist nicht dein Kind das Problem. Du solltest dir ein Beispiel daran nehmen und deinem Kind bei seinen direkten, mutigen und manchmal vielleicht sogar beängstigend zuversichtlichen Schritten nach vorn nicht im Weg stehen.

Ängstliche, schüchterne Kinder

Ganz anders sieht es bei Kindern aus, die von Haus aus eher ängstlich, gehemmt und schüchtern sind. Solche Kinder haben oft eine sehr ausgeprägte Phase des Fremdelns, klammern sich an ihre Eltern und trauen sich kaum einmal, etwas allein zu tun – vor allem, wenn es sich um eine neue Erfahrung handelt. Sie lassen sich leicht ängstigen, scheuen die Konfrontation und bleiben am liebsten in ihrer „Komfort zone“. Wenn dein Kind Merkmale dieser Art aufweist, hast du einen extrem wichtigen Job zu erledigen. Du musst es dazu animieren, sich zu öffnen, sich mehr zuzutrauen und Vertrauen in sich selbst zu legen. Dabei musst du zwar fordernd vorgehen, darfst dein Kind aber keinesfalls überfordern. In der Praxis gestaltet sich dies oft als eine echte Gratwanderung. Ängstlich veranlagte Kinder sind nämlich häufig sehr sensibel und verschließen sich zügig, wenn ihnen etwas zu schnell oder zu viel ist. Als Elternteil kannst du versuchen, die Ängste deines Kindes zu hinterfragen: „Was genau macht dir Angst?“, „Was hindert dich daran, etwas zu tun?“ Zeige Verständnis und versuche keinesfalls, die Ängste deines Sprösslings klein zu reden. Sie sind unbedingt ernst zu nehmen und zu akzeptieren. Frage stattdessen: „Was könnte dir dabei helfen, weniger Angst zu haben?“ Suche nach Wegen, kleine „Babysteps“ nach vorn zu machen, und respektiere das persönliche Tempo, in dem dein Kind diese winzigen Schritte geht. Jeder Schritt, jedes mutige Unterfangen, sollte überschwänglich gelobt werden. Außerdem solltest du deinem Kind immer wieder in Wort und Tat zeigen, dass seine Ängste keine Schwäche darstellen und seinen Wert nicht mindern. Ängstliche Kinder können zweifelsohne zu sich selbst liebenden Erwachsenen heranwachsen. Sie benötigen dabei lediglich etwas mehr Unterstützung, als es bei sehr selbstbewussten Kindern der Fall ist.

Selbstkritische Kinder

Sowohl selbstbewusste als auch ängstliche Kinder können extrem selbstkritisch sein. Das ist zunächst einmal nichts durch und durch Schlechtes, zeigt es doch, dass das Kind selbstreflektiert und überlegt agiert. Selbstkritische Kinder sind mitunter daran zu erkennen, dass sie konstant die Bestätigung durch ihre Eltern suchen und lange brauchen, bis sie über einen Fehler oder ein Missgeschick hinwegkommen. Sie grübeln viel, zeigen manchmal einen vergleichsweise starken Ehrgeiz und sind selten mit sich zufrieden. Auch hier gilt es, offensiv in die Kommunikation zu gehen: „Was denkst du, hast du falsch gemacht“, „Was beschäftigt dich?“, „Was hätte anders laufen müssen, damit du zufrieden mit dir gewesen wärst?“ In der Erziehung selbst kritischer Kinder sind Bestätigung und Lob das A und O. Diese Kinder können nicht oft genug darin bestärkt werden, dass sie genau so, wie sie sind, großartig sind. Ihre Selbstkritik darf keinesfalls als Lappalie abgetan werden, sondern sollte besprochen und gemeinsam auf altersgerechte Weise analysiert werden. Als Elternteil sollte man seinem Kind den gesunden Umgang mit Fehlern vorleben und diese nicht etwa verstecken. Das Motto lautet: „Wir alle sind Menschen, wir alle machen Fehler und das ist ok."

Erziehung ohne negative Kommentare - Geht das überhaupt?

Würde man zählen, wie oft ein Kind die Worte „Nein", „Lass das" oder „Nicht" zu hören bekommt, wäre das Ergebnis wahrscheinlich verstörend. Als Eltern neigen wir dazu, vorschnell zu tadeln und vergessen dabei, dass das Kind nicht über unseren Erfahrungsschatz verfügt. In Ratgebern und Onlineforen wird heutzutage vermehrt ein Erziehungsstil ganz ohne negative Verstärkung angepriesen. Erziehen nur mit Lob und Bejahung, das ist modern. Aber ist das wirklich realistisch? An dieser Stelle nehmen wir uns ein Beispiel aus dem Bereich des Pferdetrainings vor. Auch hier plädieren viele selbsternannte Experten für die rein positive Verstärkung. Sehen wir uns eine konkrete Situation an: Ein Pferd tritt nach dem Menschen. Mit negativer Verstärkung würde man dem Pferd ein deutliches Signal geben, das ihm zeigt, dass Treten nicht in Ordnung ist. Positiv verstärkend müsste man sich treten lassen und warten, bis das Pferd von einem ablässt, nur um es dann für das Aufhören zu loben. Natürlich ist der Kontext ein anderer, schließlich wiegt dein Kind keine 600 Kilo und ist nicht in der Lage, dich im Ernstfall zu töten. Dennoch verdeutlicht dieses Beispiel recht eindrucksvoll, warum es manchmal nicht ohne negative Verstärkung geht. Du kannst nicht zusehen, wie dein Kind eine Gabel in die Steckdose steckt. Bei einem toten Kind würde dein anschließendes Lob nichts mehr ausrichten können. Es gibt ganz einfach Situationen, die ein klares „Nein" erfordern. Trotzdem sollten wir Eltern uns immer wieder genau auf die Finger schauen und uns fragen, ob jedes unserer „Neins" wirklich notwendig ist. Denn letztendlich veran lassen all die „Neins“ und „Lass das“ das Kind dazu, sein Tun, seine Fähigkeiten und sein Urteilsvermögen härter auf die Probe zu stellen. Wenn Kindern erlaubt wird, durch Versuch und Irrtum zu lernen, kann das für Eltern anstrengend sein. Für die Kinder ist es aber von unschätzbarem Wert. Zusammenfassend soll hier also festgehalten werden, dass negative Kommentare manchmal schlicht und einfach unvermeidbar sind. Wir sollten jedoch versuchen, sie soweit möglich zu reduzieren, um unserem Kind keine Hemmungen einzuprügeln, wo eigentlich Möglichkeiten stehen müssten.

Das Wichtigste in Kürze

- ✓ Die Erziehung und das Verhalten der Eltern trägt maßgeblich zum „Selbstliebe-Kontostand“ von Kindern bei.
- ✓ Das wertvollste, was man seinem Kind schenken kann, ist die bedingungslose Liebe. Daneben ist es für die Selbstliebe von Kindern extrem förderlich, wenn sie eine solche Selbstliebe bei ihren Eltern „live“ miterleben und beobachten können. Schließlich sind Eltern immer auch Vorbilder.
- ✓ Die Förderung der Selbstliebe muss zwangsläufig individuell auf das einzelne Kind angepasst stattfinden.
- ✓ Eine Erziehung mit rein positiv verstärkenden Methoden ist genau genommen nicht realistisch. Die negative Verstärkung sollte jedoch auf ein annehmbares Minimum reduziert werden.

Schlusswort

Beginne direkt damit dich selbst zu akzeptieren und lerne dich zu lieben. Halte dich durch deine Selbstzweifel nicht länger zurück, sondern entfessele dich und dein volles Potenzial.

Wenn dir dieses Buch gefallen und geholfen hat, dann würde ich mich sehr über dein Feedback freuen. So kannst du anderen Menschen ebenfalls dabei helfen, dass sie ihre Selbstliebe entdecken.

Gehe dazu auf

www.amazon.de/ryp

und hinterlasse eine Rezension - du kannst das in 2 Minuten erledigen und hilfst mir und anderen zukünftigen Selbstliebenden dadurch enorm weiter.

Viel Spaß und viel Erfolg

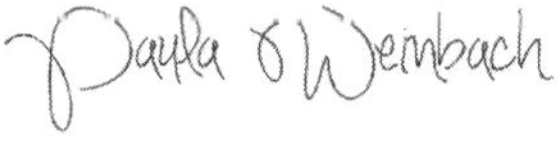

Weitere Werke von KR Publishing

Best of ALLGEMEIN-WISSEN

- Frederik Holm -

In diesem Buch erfährst du:

- ✓ Warum Allgemeinwissen so wichtig ist.
- ✓ Wie du Allgemeinwissen am besten und leichtesten lernen und behalten kannst.
- ✓ Umfassendes Allgemeinwissen zu 16 verschiedenen Themen.

Und noch Vieles mehr!

EINSERKANDIDAT
Stressfrei zur Bestnote

- Frederik Holm -

In diesem Buch erfährst du:

- ✓ Wie du mit genialen Lerntechniken endlich das Lernen lernst.
- ✓ Wie du stressfrei Bestnoten schreiben kannst.
- ✓ Wie du vom Aufschieber zum Lernprofi wirst.

Und noch Vieles mehr!

STOIZISMUS

- Johannes Lichtenberg -

In diesem Buch erfährst du:

- ✓ Wie du zum Fels in der Brandung wirst und jede Situation meisterst.
- ✓ Wie du die unerschütterliche Gelassenheit eines Mönchs erlangst.
- ✓ Wie du resistent gegen Stress wirst und dich nie wieder aufregst.

Und noch Vieles mehr!

Konfliktfrei durch
Gewaltfreie Kommunikation

- Johannes Lichtenberg -

In diesem Buch erfährst du:

- ✓ Wie du Konflikte gewaltfrei löst.
- ✓ Wie du eine Beziehungen langfristig verbessern kannst.
- ✓ Wie du deine Gesprächspartner unbemerkt analysieren kannst.

Und noch Vieles mehr!

ESSENTIALISMUS

- Johannes Lichtenberg -

In diesem Buch erfährst du:

- ✓ Wie du täglich Zeit dazu gewinnst, wenn du dein Leben auf das Essentielle reduzierst.
- ✓ Wie du mental aufgeräumter wirst und so zu mehr Klarheit gelangst.
- ✓ Wie du durch Weniger im Leben, stressfreier und besser lebst.

Und noch Vieles mehr!

Die Klartraum Methode

- Paula Weinbach -

In diesem Buch erfährst du:

- ✓ Wie du jeden Tag zusätzlich einige Stunden an wertvoller Zeit gewinnst.
- ✓ Wie du dein Unterbewusstsein erforschen und programmieren kannst.
- ✓ Wie du komplexe Probleme im Schlaf löst und kreativer wirst.

Und noch Vieles mehr!

Hochsensible Kinder

- Paula Weinbach -

In diesem Buch erfährst du:

- ✓ Wie du dein hochsensibles Kind bestmöglich unterstützen kannst.
- ✓ Wie du deinem Kind das Leben erheblich erleichtern kannst.
- ✓ Welche Methoden euch auf eurem Weg am besten weiterhelfen.

Und noch Vieles mehr!

AUSGEGRÜBELT!
Grübeln stoppen in der Praxis

- Paula Weinbach -

In diesem Buch erfährst du:

- ✓ Wie du negative Gedanken endlich stoppen kannst.
- ✓ Wie du innere Blockaden beseitigen kannst und zur Ruhe kommst.
- ✓ Wie du dir nicht mehr über jede Kleinigkeit den Kopf zerbrichst.

Und noch Vieles mehr!

Intervallfasten
für Frauen

- Pauline Höppner -

In diesem Buch erfährst du:

- ✓ Wie du ohne Sport effektiv und langfristig abnehmen kannst.
- ✓ Wie du nur mit einer Stoppuhr dir die Kilos schmelzen lässt.
- ✓ Wie du ohne Verzicht auf Süßes deine Wunschfigur erreichen kannst

Und noch Vieles mehr!

Lust auf mehr? Unser Geschenk an dich!

Vielen Dank für den Kauf von diesem Buch und deinem damit verbundenen Vertrauen in uns als Herausgeber und in Paula Weinbach als Autorin dieses großartigen Buchs. Das bedeutet uns wirklich viel, weshalb wir dir den Ratgeber „Habit Hacks - 10 unscheinbare Schlüssel Gewohnheiten, die dein Leben verändern," als Download schenken - vollkommen gratis! Zudem möchten wir dir die Möglichkeit eines direkten Austauschs mit der Autorin anbieten. So kannst du z.B. deine Fragen, dein Feedback oder deine Anregungen Paula zukommen lassen - eine tolle Möglichkeit für die Kommunikation zwischen Leser und Autorin!

Diese kleinen und unscheinbaren Schlüssel Gewohnheiten verändern dein Leben - erfahre:

- ✓ wie eine kleine Veränderung beim Duschen deine Disziplin stärkt und dir einen Energiekick verschafft...
- ✓ wie eine Prise Salz dir einen Kickstart am Morgen verschaffen kann...
- ✓ wie eine kleine Einstellung an deinem Smartphone & Computer deinen Schlaf verbessert...
- ✓ noch weitere geniale und unscheinbare Habit Hacks!

Wenn du bereit bist, dein Leben mit einigen simplen Habit Hacks auf das nächste Level zu bringen, dann gehe jetzt auf

www.KRPublishing.de/sel

und sichere dir dein kostenloses Exemplar als digitalen Download.

Impressum

Herausgeber:

KR Publishing UG (haftungsbeschränkt)
Mundsburger Damm 26
22087 Hamburg
Deutschland